国際交流基金 日本語教授法シリーズ **8**

書くことを教える

国際交流基金　著

国際交流基金 日本語教授法シリーズ
【全14巻】

 第 1 巻「日本語教師の役割／コースデザイン」

 第 2 巻「音声を教える」[CD-ROM付]

 第 3 巻「文字・語彙を教える」

 第 4 巻「文法を教える」

 第 5 巻「聞くことを教える」[音声ダウンロード]

 第 6 巻「話すことを教える」

 第 7 巻「読むことを教える」

 第 8 巻「書くことを教える」

 第 9 巻「初級を教える」

 第10巻「中・上級を教える」

 第11巻「日本事情・日本文化を教える」

 第12巻「学習を評価する」

 第13巻「教え方を改善する」

 第14巻「教材開発」

■はじめに

　国際交流基金日本語国際センター（以下「センター」）では1989年の開設以来、海外の日本語教師のためにさまざまな研修を行ってきました。1992年には、その研修用教材として『外国人教師のための日本語教授法』を作成し、主に「海外日本語教師長期研修」の教授法の授業で使用してきました。しかし、時代の流れとともに、各国の日本語教育の状況が変化し、一方、日本語教授法に関する研究も発展したため、センターの研修の形や内容もさまざまに変化してきました。

　そこで、現在センターの研修で行われている教授法授業の内容を新たにまとめ直し、今後の研修に役立て、また広く国内外の日本語教育関係のみなさまにも利用していただけるように、この教授法シリーズを出版することにしました。この教材の主な対象は、海外で日本語教育を行っている日本語を母語としない日本語教師ですが、広くそのほかの日本語教育関係者や、改めて日本語教授法を独りで学習する方々にも役立てていただけるものと考えます。また、現在教師をしている方々を対象としていますが、日本語教育経験の浅い先生からベテランの先生まで、できるだけ多くのみなさまに利用していただけるよう工夫しました。

■この教授法シリーズの目的

　このシリーズでは、日本語を教えるための必要な基礎的知識を紹介するだけでなく、実際の教室で、その知識がどう生かせるのかを考えてもらうことを目的としています。

　国際交流基金日本語国際センターでは、教師の基本的な姿勢として、特に次の能力を育てることを目的として研修を行ってきました。その方針はこのシリーズの中でも基本的な考え方となっています。

1）自分で考える力を養う

　理論や知識を受身的に身につけるのではなく、自分で考え、理解して吸収する力を身につけることを目的とします。

2）客観性、柔軟性を養う

　自分のこれまでの方法、考え方にとらわれず、ほかの教師の意見や方法を知り、客観的に理解し、時には柔軟に受け入れることのできる教師を育てることをめざします。

3）現実を見つめる視点を養う

つねに現状や与えられた環境、自分の特性や能力を客観的に正確に把握し、自分の現場に合った適切な方法を見つける姿勢を育てることをめざします。

4）将来的にも自ら成長できる姿勢を養う

研修終了後もつねに自分自身で課題を見つけ、成長しつづける自己研修型の教師を育てることをめざします。

■この教授法シリーズの構成

このシリーズは、テーマごとに独立した巻になっています。どの巻からでも学習を始めることができます。各巻のテーマと概要は以下の通りです。

第 1 巻	日本語教師の役割／コースデザイン	日本語を教えるうえでの全体的な問題をとりあげます。
第 2 巻	音声を教える	
第 3 巻	文字・語彙を教える	
第 4 巻	文法を教える	
第 5 巻	聞くことを教える	各項目に関する基礎的な知識の整理をし、具体的な教え方について考えます。
第 6 巻	話すことを教える	
第 7 巻	読むことを教える	
第 8 巻	書くことを教える	
第 9 巻	初級を教える	各レベルの教え方について、総合的に考えます。
第10巻	中・上級を教える	
第11巻	日本事情・日本文化を教える	
第12巻	学習を評価する	
第13巻	教え方を改善する	
第14巻	教材開発	

■この巻の目的

　この巻の目的は、主に海外の日本語の授業で、学習者の「書く力」を伸ばすためには、どのような点に注意して、どのような流れで教えたらいいか、考えることです。

　この巻で扱っていることは、以下の4点です。

①「書くこと」とはどのようなことなのか、今まで日常生活で書いた経験と日本語の授業で書いた経験をふり返って比べ、問題点を考えます。
②「書くこと」がコミュニケーションの1つであることを大切にして、授業の中でその力を伸ばすためには、どのようなポイントに気をつければいいか、考えます。
③②のポイントに気をつけて、授業で書く力を伸ばすためには、どのような教室活動や授業をしたらいいか、考えます。
④書く力の評価について、「教師だけ」が「書いたものだけ」を評価するのではない方法について考えます。

　なお、この巻では、文字については取り上げません。本シリーズ第3巻『文字・語彙を教える』を参考にしてください。

■この巻の構成

1．全体の構成

本書の構成は、以下のようになっています。

1．ふり返る	日常生活や、今までの日本語の授業で、どのようなものを書いてきたか、ふり返ります。そして、「書くこと」がコミュニケーションであることを意識します。
2．指導のポイントを考える	「書くこと」がコミュニケーションの1つであることを大切にして、その力を伸ばすためには、どのようなポイントに気をつけて指導をしたらいいか、考えます。
3．活動や授業を考える	上で取り上げた指導のポイントを生かした、書く力を伸ばすための活動や授業例を紹介します。それぞれの活動や授業が、コミュニケーションとして書くことに、どのように関係しているか、考えながら見てください。
4．評価を考える	書く力を評価する方法について考えます。添削や、評価基準の作り方、また、評価を広く長くとらえて考えるためのポートフォリオ評価を取り上げます。

2．各章の構成

この巻のそれぞれの章には、次のような部分があります。

 ふり返りましょう

自分自身の経験や教え方をふり返ります。

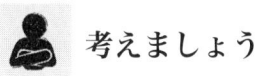 考えましょう

　背景理論や「コミュニケーション」というものについて考えながら、「書くこと」の教え方について考えます。

 やってみましょう

　実際に活動をやってみることを通して、活動の理由やそれによって養うことができる力について理解を深めます。

 整理しましょう

　ここまでに考えたこと、学んだことをもう一度整理して、その目的や意味を再確認し、今後の授業に生かしていけるようにします。

3．【質問】

　【質問】は、次のように取り組んでください。

◎グループやクラスで教授法を学んでいる場合：
　ほかのメンバーや教師とのディスカッションを通して、ほかの人の考え方や解決方法も知って理解しましょう。そしてもう一度考えてみてください。
◎ひとりでこの本を読んで教授法を勉強している場合：
　まず自分で考えてから、解答や解答例、解説を参考に、もう一度考えてみてください。できれば、積極的に、同僚やまわりの人の意見も聞くようにするといいでしょう。

　そして、この本に書かれていることを、知識として理解するのではなく、常に、自分自身の教育現場に当てはめて考え、実際には、どのように現場で実現させることができるかを考えるようにしましょう。

目次

1 「書くこと」とは？ ……………………………………………… 2
- 1-1. 日常生活での「書くこと」をふり返る ……………………………… 2
- 1-2. 日本語の授業での「書くこと」をふり返る ……………………… 6

2 書く能力を高める指導のポイント ……………………………… 10
- 2-1. 表現・文型 …………………………………………………………… 11
- 2-2. 書きことばのスタイル ……………………………………………… 12
- 2-3. 文と文のつながり …………………………………………………… 16
- 2-4. 段落・まとまり ……………………………………………………… 18
- 2-5. 構成 …………………………………………………………………… 25
- 2-6. 読み手 ………………………………………………………………… 28
- 2-7. 書くプロセス ………………………………………………………… 32
  - (1) 計画のプロセス
  - (2) 文章化のプロセス
  - (3) 推敲のプロセス

3 書く能力を高める活動や授業のデザイン ……………………… 44
- 3-1.「書くこと」に慣れるための活動 ………………………………… 44
- 3-2. コミュニケーションを大切にした「書く」活動 ………………… 47
  - (1)「書く」活動の流れ
  - (2)「書くこと」で「やりとり」ができるようになる活動
  - (3)「文章表現」のための活動

4 「書くこと」の評価 ・・・・・・・・・・・・・・・・・・・・・・・・・・・・・・・・・・・・ 76
4-1. 作文の添削 ・・ 76
4-2.「書くこと」の評価を考える ・・・・・・・・・・・・・・・・・・・・・・・・・・ 79
（1）作文課題によるパフォーマンス評価
（2）作文学習のためのポートフォリオ評価

解答・解説編 ・・・ 100

【参考文献】・・ 123

 # 「書くこと」とは？

1-1. 日常生活での「書くこと」をふり返る

 ふり返りましょう

　まず、「書くこと」の教え方を考える前に、文章を「書く」という行為について考えてみましょう。

【質問1】
私たちは今まで、どのようなものをだれにあてて書いてきたでしょうか。日常生活や学校生活の中で、母語で書いたものも含めて、思い出してみましょう。

種類	目的	読み手
(例) 手紙	近況を知らせるため	友人
(例) 手紙	旅行の様子を知らせるため	両親
(例) レポート	授業の課題	先生
(例) 伝言メモ	電話の内容を伝えるため	家族
(例) メール	仕事の状態を伝えるため	同僚

　私たちは何かを書くとき、書く目的を持っています。また、書いたものをだれが読むか（読み手）を考えながら書きます。そして、①内容を考えて、②ことばの形を選んで、③それを文字（文・文章）で伝えます。「書くこと」は、文字を使った書き手と読み手のコミュニケーションの手段であると言うことができるでしょう。

コミュニケーションと言うと、まず人と人との「やりとり」が思い浮かびます。「やりとり」は、多くの場合、対面で、口頭で行われることが多いですが、口頭ではできないときや、不適切である場合、書く手段が用いられて、記録やメモを渡したり交換したりします。それから、手紙やメールなどの通信も「やりとり」です。この巻では、返信がなくても相手が理解したり何か行動を起こしたりするものも含みます。

　もう1つ、自分の考えや意見、調べたこと、やったことなどについて、相手に説明し、理解してもらうために書くものがあります。これは、一般に、「やりとり」に比べて、少し長い「文章表現」になることが多いです。

　この2つは、形式や内容が異なりますが、どちらも、「ほかの人に何かを伝えるために書く」という点で、コミュニケーションであると言うことができます。

【質問2】

【質問1】で書き出したものを、「やりとり」と「文章表現」に分けてみましょう。①「やりとり」だと思うもの、②「文章表現」だと思うもの、③どちらとも言えないものに分けてみましょう。

種類	目的	読み手	やりとり／文章表現
(例) 手紙	近況を知らせるため	友人	①
(例) 手紙	旅行の様子を知らせるため	両親	①
(例) レポート	授業の課題	先生	②
(例) 伝言メモ	電話の内容を伝えるため	家族	①
(例) メール	仕事の状態を伝えるため	同僚	①

　「書くこと」と同じようなコミュニケーションの方法には、「話すこと」もあります。では、「書くこと」と「話すこと」には、どのような違いがあるのでしょうか。ここで整理しておきましょう。

【質問3】

「話すこと」と「書くこと」を比べてみましょう。どのような違いがあるでしょうか。次のようなポイントで考えて、表を完成してください。

① 相手、つまり、「聞き手、読み手」との関係はどうでしょうか。
② 話すときと書くとき、それぞれのプロセス（過程）はどのように進められるでしょうか。
③ 話しことばの文の長さや表現と書きことばの文の長さや表現は、それぞれどのような特徴があるでしょうか。

	話すこと	書くこと
相手との関係	相手の反応を見ながら、途中で言いかえたり、説明を加えたりできる。	
プロセス		考えながら書き、書きながら考えて終わりまで完成させる。
文の長さや表現		

　まず、話すときには、一般に、聞く相手が目の前にいることが多いです。ですから、相手の反応を見ながら、適当なところで話を止めたり、確認したりして、会話を進めます。しかし、書くときには相手がその場にいなかったり、書き終わってから相手に見せたりすることが多いので、その場ですぐに相手の反応がわかりません。書き手が読み手の反応を予想しながら書き進める必要があります。会話では、「え、どういうことですか。」と聞かれれば、もう一度わかりやすく、くり返して話すこともできますが、書くときは、あらかじめ相手に正確に伝わるような配慮をしておかなければなりません。

「話すこと」と「書くこと」のもう1つの大きな違いは、プロセスです。話すときは、話しながら、その場で考えることができます。そして言いかえたり修正したりして、自分の話したいことを相手に伝えていきます。一方、書くときは、読み手と目的を想定して、まとまりのある内容で結末まで書かなければなりません。でも、何度も読み返すことができるので、考えながら書き、書きながら考える、つまり、自分と対話しながら書くことになります。その結果、自分で「これでいい。」と決めて、書き終えることになります。
　また、「書くこと」には、書くためのルールや表現など、考えなければならない部分が多く、書くという作業は、母語であっても、かなり難しい作業だと言うことができます。

　しかし、「書くこと」には「話すこと」よりいい点もあります。どのようなことでしょうか。

【質問4】
「書くこと」のいい点、「書くこと」でできることは、どのようなことでしょうか。

　まず、書くときは、ことばや表現について、自分で確かめながら仕上げることができます。みなさんは、だれかと話した後で、「ああ言えばよかった。」「ああ言うつもりではなかったのに。」と思うことがありませんか。書くときは、自分のことばや表現、文章を観察して、自分のくせに気づいたり、正確なことばを調べたり、より適切な表現に取り替えたりすることができます。
　また、私たちは、書くことで、自分の頭の中で考えていたことを、もう一度、客観的に見ることができます。書いたものを見て、自分が思っていたこと、書こうとしていたことを整理します。そして、自分はどう書きたいと思っていたのか、それは書けているかを確認し、書いたものを直したり、時には、自分の考えのほうを修正したりすることができます。
　このように、「書くこと」は、「話すこと」に比べて、自分の理解、考え、意見を体系的に整理してから、相手に伝えることができる手段だと言うことができます。

1-2. 日本語の授業での「書くこと」をふり返る

1-1 では、日常生活での「書くこと」をふり返りました。次に、日本語の授業で「書くこと」の経験をふり返ってみましょう。

 ふり返りましょう

【質問5】
みなさんが授業で日本語の文や文章を書いたときのことを思い出してください。どのようなものを書きましたか。そして、そのとき、どのような活動をしましたか。

書いたもの

活動内容
（例）接続詞の使い方を練習する
・
・
・

　日本語の授業では、文や文章を書くために、どのような指導がされているでしょうか。それぞれの活動は、何を指導しているのでしょうか。整理してみましょう。

【質問6】

次の表の活動内容は、主に何を指導するためのものでしょうか。下にあげた＜指導のポイント＞のどれに分類されるでしょうか。【質問5】でみなさんがあげた活動内容も加えて、考えてみましょう。

活動内容	指導のポイント
1.「…と比べると…は〜」を使って文を作る。	A
2. 接続詞の使い方を練習する。	C
3. レポートの段落構成について理解する。	
4.「…によると」などの引用表現の使い方を練習する。	
5. 得意な料理の作り方を手順どおりに書く。	
6.「だ・である」と「です・ます」の書き替え練習をする。	
7. 作文で直された文法や文型の復習をする。	
8. 書いた作文を交換してコメントをし合い、書き直す。	

＜指導のポイント＞

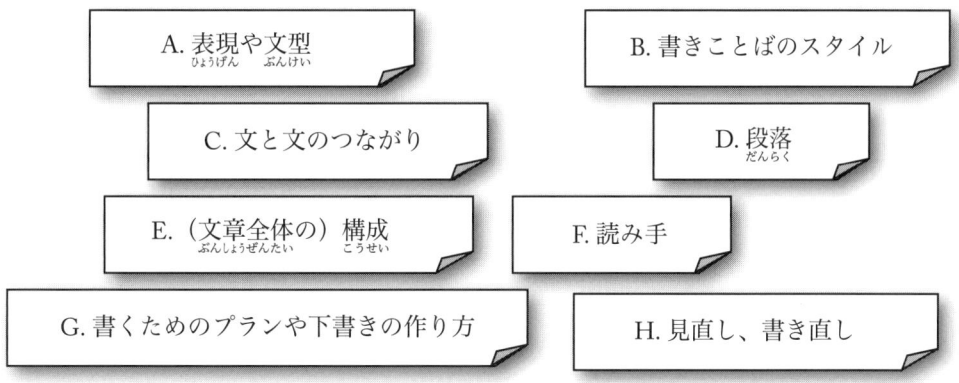

A. 表現や文型
B. 書きことばのスタイル
C. 文と文のつながり
D. 段落
E.（文章全体の）構成
F. 読み手
G. 書くためのプランや下書きの作り方
H. 見直し、書き直し

　AとBは、ことばの形やルールに関すること、C、D、Eは文章のまとまりに関することです。Fの「読み手」は、書くことをコミュニケーションとして意識したポイント、G、Hは書くプロセスに関するポイントです。

外国語で書くことは、学習者にとって負担がかかり、難しい作業です。頭の中にある内容を整理し、文章を組み立てると同時に、外国語の正しい文法と語彙で、それを表現しなければなりません。頭の中に豊かな内容があっても、また、それを文章にする構成のアイディアがあっても、外国語（日本語）で書くときは、どうしても文字やことばや文法が気になり、同時に考えなければならないことが増えます。今までの「書くこと」の指導でも、このようなポイントは多く取り上げられてきたでしょう。

　しかし、「書くこと」の授業では、学習者がただ１つ１つのことばや文法を正しく書くことだけに集中しすぎないように指導していかなければなりません。なぜなら、1-1に書いたように、外国語で書くときも、「書くこと」はコミュニケーションの１つだからです。

　次の章では、コミュニケーションとしての書く力を伸ばすために、どのような指導をしたらいいか、ここで整理した＜指導のポイント＞にそって、具体例をあげながら、確認していきます。

MEMO

 **書く能力を高める指導のポイント**

 ふり返りましょう

　第1章では、みなさんが日常生活で「書くこと」と、学習者として「書くこと」について指導されたことを整理しました。この章では、みなさんが教師として、指導していることの確認から始めましょう。

【質問7】
あなたは作文の指導をするとき、どのようなことをしていますか。
次の項目のうち、していることに✔をつけてください。

① 学習者が文章の目的やテーマに合ったことば、文法が使えるように指導している。　□
② 学習者が書きことばのスタイルを意識できるような活動を行っている。　□
③ 学習者が文と文のつながりや段落などの文章のまとまりを意識して文章を組み立てるような活動を行っている。　□
④ 学習者の関心や興味、学習の目的に合わせて、作文のテーマを選んでいる。　□
⑤ 学習者が書くテーマについてイメージできるように、課題に読み手や目的をはっきり示している。　□
⑥ 学習者がいろいろな作文の種類（手紙、レポートなど）に必要な書き方や表現を意識できるように、多様な文章を書かせている。　□
⑦ 学習者が書く前に計画を立てられるような活動（下書きや構成メモを書くなど）を行っている。　□
⑧ 学習者が書くプロセスを意識できるように、フィードバックしたり、学習者同士で読み合う活動を取り入れている。　□
⑨ 学習者が自分の作文を読み返したり、書き直したりする活動を取り入れている。　□

このチェックリストの項目は、第1章の【質問6】で整理した＜指導のポイント＞の内容を具体的に記述したもので、「コミュニケーションとしての書く活動」を指導する際に行ったほうがいいことです。

　この章では、このポイントを順番に取り上げて、それぞれの指導方法を見ていきます。

2-1. 表現・文型

 考えましょう

【質問8】
次の(A)〜(D)の練習は、それぞれ何を目的にしているでしょうか。

(A)　絵を見て文を作ってください。

例　　　　　　　①　　　　　　　②

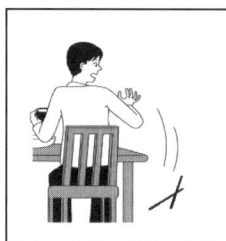  

イラスト：「みんなの教材サイト」より

例：はしを落としてしまいました。

①_____。

②_____。

(B)　次のことばを使って、短い文を作ってください。
・「……かもしれません。」
・「あっと言う間」

11

(C) 次の文の＿＿＿＿のことばを、ほかのことばに入れ替えてみましょう。どんなことばを使うことができますか。

○週末、京都へ行きました。京都はとても<u>いい</u>町です。古いお寺がたくさんあって、<u>いい</u>感じです。自然も<u>いい</u>です。とても<u>いい</u>旅行でした。

(D) 答えを書いてください。
①子どものとき、お母さんはあなたに何をさせましたか。
　＿＿＿＿＿＿＿＿＿＿＿＿＿＿＿＿＿＿＿＿＿＿＿＿＿＿＿＿＿。
②あなたは子どものとき、どんなことで先生にほめられましたか。
　＿＿＿＿＿＿＿＿＿＿＿＿＿＿＿＿＿＿＿＿＿＿＿＿＿＿＿＿＿。

　ここで取り上げているのは、どれも1つの文を書くための練習です。学んだ文法やことば、表現を使えるようにしたり、整理して覚えられるようにしたりしています。確かに、このような練習も、学んだ文法知識を確認して定着させるためや、語彙、表現などを増やすための基礎練習として必要です。また、同じような1文の練習でも、たとえば(D)のように、1人1人が自分で考えて自分の答えを書くことができるような質問を出すと、学習者が自分で考えて楽しみながら書くことができます。そして、その答えは、ほかの学習者や教師が知らないことですから、本来のコミュニケーションとしての活動に近づけることができます。

　けれども、このような練習を続けるだけでは、まとまった文章を自分で考えて書くことができるようにはなりません。そのような力を養うには、少しずつ文章を長く書く練習をしていくことが必要です。この方法については、2-3から取り上げます。

2-2. 書きことばのスタイル

 考えましょう

【質問9】

次の文章は、学習者が書いた作文の一部です。直したほうがいい部分はありますか。

> 私の国は、お茶とかきぬ織物が有名です。
> お茶は、けっこういろんな種類があります。お客さんが来たときなんかは、ちゃんといいお茶を出してもてなします。

　日本語は、話しことばと書きことばのスタイルが、かなり異なる言語です。特に、学習者が、書く練習をしないで話す練習だけをしていたり、テレビやインターネットなどを通して日本人の話しことばをまねしていたりする場合は、書きことばについて意識させる必要があります。

　書きことばの中にも、「かたい（表現、文章）」、「やわらかい（表現、文章）」と言われるものがあります。そして、日本語の文章は、文末表現だけでなく、使用する語彙によっても、そのスタイルが変わります。最近は電子メールの普及で、話しことばのような書きことばも増えてきましたが、一方で、学校のレポートや会社での文書には、かなりあらたまった表現や、書きことば特有のことばが使われています。

【質問10】

次の (A)～(D) の文章は、だれに向けて書いたどのような種類の文章でしょうか。それぞれの文章は、かたいでしょうか、やわらかいでしょうか。

(A)

> みなさん、テニス同好会ミーティングのお知らせです。次回は11日（火曜日）、場所は第2会議室、時間はいつもどおりです。欠席の方はご連絡くださいね (^_^)/~

(B)

> 山田部長
> 本社総務課川口さんよりTELありました。来週の出張の件で、午後かけ直すとのことです。

(C)

> 今日は朝からアルバイト。慣れてきたけど、やっぱり疲れる。夕方、ユカからメール、日曜日に伊豆に行くことにした。でも、来週テストもあるし、思い切り遊ぶ気分じゃないな〜。ちょっと気分転換ってところかな。

(D)

> 中山（2005）によれば、教師は「支援者」として、学習者の学習が自律的に進められるよう、導いていく役割も期待されている。このようなことは、初中等教育機関の教師にとっては特に重要である。そのため幅広い知識や、情報収集能力、外部との交渉能力が求められる。

【質問11】

日本語の書きことばのスタイルを考えてみましょう。書くものや目的、読み手を考えると、どのようなスタイルが適切ですか。次の表の空欄部分をうめましょう。

種類	読み手	スタイル（ことば、表現、文末など）
手紙	仕事の関係者	かたい表現、〜です、〜ます
	友人	くだけた（やわらかい）表現
メモ	自分	簡単に要点だけ書く
	会社の人	要点、〜です、〜ます
ノート		
学校のレポート		
論文		かたい（あらたまった）表現、〜である
メール	仕事の関係者	
	友人	
	家族	
ブログ		

このように文章のスタイルは、話しことばと書きことばのスタイルの違いだけでなく、文章の種類や読み手によって変わります。読み手や状況、目的に合わせて、

適切な文章のスタイルを選んで書くように指導していく必要があります。どのような場合にどのような文体、ことばを使うのか、わからない場合は、見本になるようないろいろな種類の文章を多く読んで、その違いを知るといいでしょう。それぞれの種類の文章のスタイルに慣れるために、見本の文章を使って、それを見ながらそのまま写す「視写」、音声を聞いて写す「聴写」、まとまりのある文章を覚えて書く「暗写」という基礎的な練習もあります。

【質問12】

次の活動をしてみましょう。それぞれの活動では、どのようなことが学べますか。

活動I 次の文章を見ながら写して書いてください。

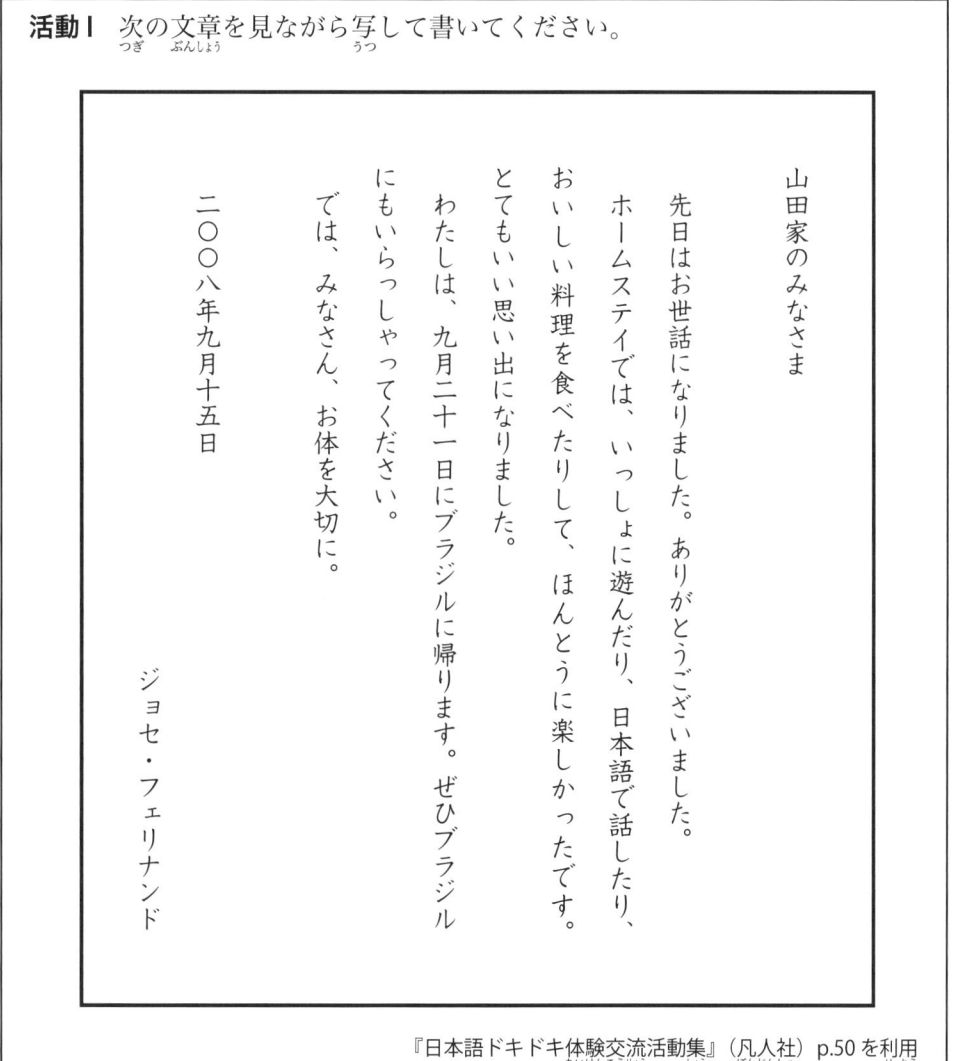

山田家のみなさま

先日はお世話になりました。ありがとうございました。ホームステイでは、いっしょに遊んだり、日本語で話したり、おいしい料理を食べたりして、ほんとうに楽しかったです。とてもいい思い出になりました。

わたしは、九月二十一日にブラジルに帰ります。ぜひブラジルにもいらっしゃってください。

では、みなさん、お体を大切に。

二〇〇八年九月十五日

ジョセ・フェリナンド

『日本語ドキドキ体験交流活動集』（凡人社）p.50を利用

活動 II 次の文章を少しずつ切って覚えて、書いてください。
切る長さは、自分が覚えられる長さでいいです。
書くときには、元の文章を見ないでください。

ひまなとき、わたしはよくギターをひきます。大学生のときに始めてから、もう2年になります。でも、まだ少ししかひけません。

この間、会社の中村さんとクラシックギターのコンサートに行きました。コンサートのチケットは高いですから、わたしはあまり行きませんが、中村さんはよく行っています。

コンサートは夜7時に始まりました。とてもたくさんの人でした。演奏が始まると、みんな静かになりました。いろいろな曲の中には、知らない曲もありましたが、中村さんが説明してくれました。(続く)

『みんなの日本語初級　やさしい作文』（スリーエーネットワーク）p.57 を利用

2-3. 文と文のつながり

 考えましょう

　文と文をつなぐ練習は、いろいろな教科書や問題集でも扱われていますから、ここでは、少しだけ、例をあげておきます。文をつなげるためには、接続詞や文型、指示語の勉強が大切ですが、すべての文がそれを使ってつながっているわけではありません。どのように文を増やしていくことができるか知るためには、いろいろな練習が必要です。

　次の(A)の練習は、接続詞を使って2つの文をつなぐ練習です。接続詞で、2つの文の関係を作れることがわかります。ここでは、前の文と反対のことを書いたり、例をあげたり、目的や理由を述べたり、付け加えたりしています。

16

(A) 2つの文と接続詞を線（─）でつないで、意味が通る文にしてください。

1. アメリカに留学したい。　　・　　・だが　　・　　・木や花や雪などの自然を表現したものがある。

2. 飛行機の出発は遅れている。　・　　・たとえば　・　　・性格もいい。

3. オフィス街は昼間は人が多い。・　　・そのために・　　・夜は人通りがほとんどない。

4. 彼女は頭がよくて美人だ。　　・　　・なぜなら　・　　・アルバイトをしている。

5. 和菓子は季節を大切にしている。・　・その上　　・　　・強風が続いているからだ。

【質問13】

次の (B) と (C) の練習は、それぞれ何を目的にしているでしょうか。

(B) 次の質問に答えて、文を完成してください。
どんな寮に住みたいか、説明する文です。

1. Q：1人部屋と2人部屋とでは、どちらがいいですか。それはなぜですか。
   A：＿＿＿＿＿＿＿＿＿＿＿＿＿＿＿＿のほうがいいです。
   ＿＿＿＿＿＿＿＿＿＿＿＿＿＿＿＿＿＿＿からです。

2. Q：部屋の壁の色は、白とうすい緑色とではどちらがいいですか。
   それはなぜですか。
   A：＿＿＿＿＿＿＿＿＿＿＿＿＿＿＿＿＿＿＿。
   ＿＿＿＿＿＿＿＿＿＿＿＿＿＿＿＿＿＿＿からです。

3. Q：寮の場所は、次のうちどれがいいですか。理由は何ですか。
   （商店街の近く　　住宅地　　広い公園の近く　　駅の近く）
   A：＿＿＿＿＿＿＿＿＿＿＿＿＿＿＿がいいです。
   ＿＿＿＿＿＿＿＿＿＿＿＿＿＿＿＿＿＿＿からです。

『大学で学ぶための日本語ライティング』（The Japan Times）pp.2-3 を利用して作成

(C) 次の文を、いちばんいいと思う順に並べてください。

(1) 目玉焼きの作り方は、人によって違います。
(　) さらに、目玉焼きにかける調味料はたくさんの種類があります。
(　) たとえば、片面だけを焼く人もいます。
(8) 白身だけ、先に食べる人がいます。
(2) まず、卵の数が違います。
(5) 焼いてから蒸す人もいます。
(　) 最後に、食べ方を見ると、これもおもしろいです。
(　) そして、焼き方もいろいろあります。
(　) 一方、黄身と白身を必ずいっしょに食べる人もいます。

「みんなの教材サイト」より

(A)〜(C)の3つの練習は、1つの文から2つの文、3つの文へとつなげていく指導で用いることができます。そして、このような練習は、クラスで、次のような活動にすることもできます。

活動
1. 6人ずつぐらいのグループを作ります。
2. 作文のテーマを決めて、各グループに、最初の1行になる1文を渡します。
3. グループのメンバーは、その文から始めて、1人ずつ、文を増やして話をつなげていきます。
   (初級では、たとえば6人のグループでは全員が1回ずつ文を作るぐらい、4人のグループでは全員が2回ずつ文を作るぐらいの長さがいいでしょう。)
4. 書いた文をグループ全員でもう一度読み、もっといい作文にするために、直したほうがいいところを相談して直し、作文を完成させます。
5. 時間があったら、クラスで発表します。教室にはっておいてもいいでしょう。

2-4. 段落・まとまり

2文や3文の文章が書けるようになったら、次に、もう少し長い文章を書く活動を考えてみましょう。

 考えましょう

【質問 14】

次の活動をしてみましょう。それぞれの活動では、どのような書く力がつきますか。

活動 I 下のイラストの風景を、次のような方法で作文に書いてみましょう。
① いちばん近くの景色について書きます。
② その向こう側の景色について書きます。
③ いちばん遠くの景色について書きます。

活動 II 次の4コマまんがを1枚ずつ見て、それぞれ、説明の文を1〜2文書きましょう。それから、文を並べて、必要なら、つながりのことばを入れて、ストーリーにしましょう。

『成長する教師のための日本語教育ガイドブック上』(ひつじ書房) pp.186-187 より

「2-3. 文と文のつながり」であげたような練習や活動で、文をいくつか並べて書くことができるようになったら、活動ⅠやⅡのように、1つのテーマで、まとまったことを書く練習に進みましょう。この2つの作文は説明文を書く練習で、教師が書く順番を指導していますが、慣れたら、学習者が自分で、内容や順番を考えるように指導していきます。

たとえば、「わたしの学校」というタイトルで、自分の学校について、自分が好きなところを作文に書くとします。まず、自分の学校で好きなところを、次のように思い浮かべます。

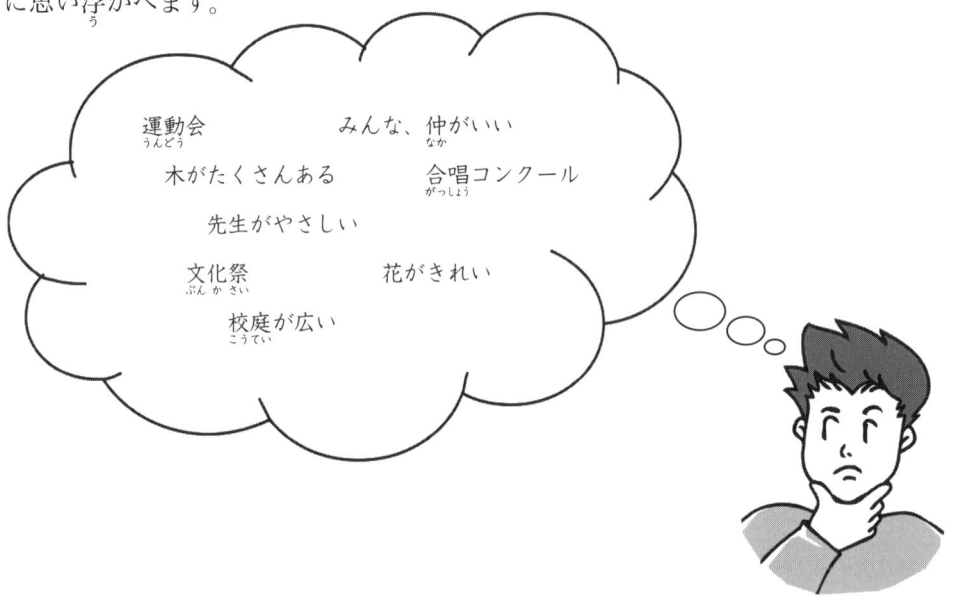

そして、このことばを同じ種類でまとめて、グループ名をつけてみます。すると、たとえば、次のようになります。

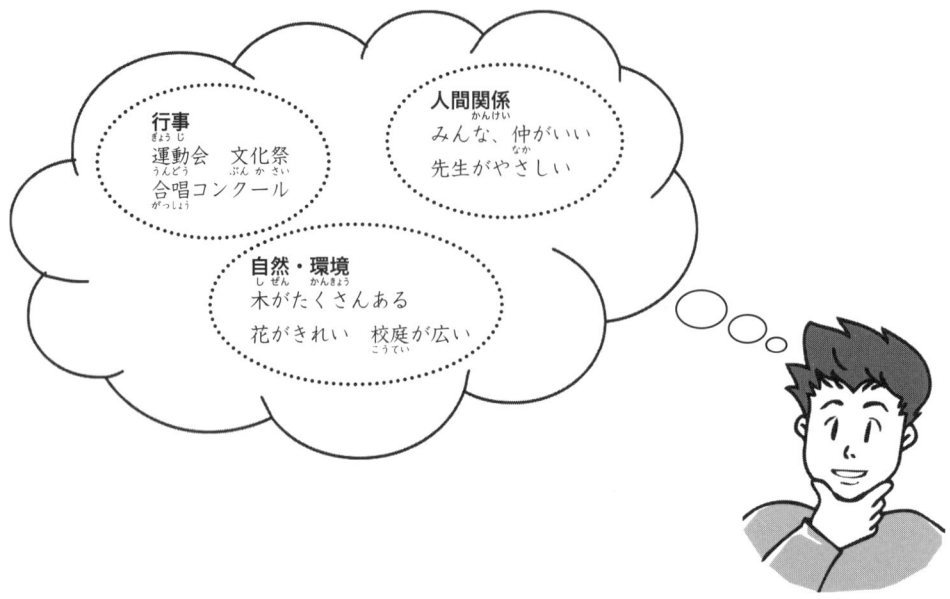

頭の中のアイディアを整理して文章を書く方法については、「2-7. 書くプロセス」で、くわしく扱います。ここで例にあげたような初級の段階では、文章もあまり長くないので、学習者にも、頭に浮かんだことをメモする程度の作業をさせればいいでしょう。そして、その中の１つのグループを選んで、まず、下のように元になる文章を書かせます。

わたしは、わたしの学校がとても好きです。
理由は、行事がたくさんあるからです。
たとえば、運動会や文化祭があります。合唱コンクールもあります。
だから、わたしは学校がとても好きです。

　それから、この文章にほかの文を増やして長くしていきます。この例では、運動会や文化祭、合唱コンクールなどの行事について、具体的に説明したり、エピソードを書いたり、感想を加えたりすることができるでしょう。

 やってみましょう

【質問15】

次のようなテーマで、学習者に作文の課題を出すと考えて、まず、自分で前のページのような作業をしてみましょう。
① 家での楽しい過ごし方
② 学校での私の好きな時間
③ 夏休みにしたいこと

また、1つの段落を作る指導は、「中心になる文」から考えさせることもできます。この「中心文」に、説明したり、理由を述べたり、具体的な例をあげたりする「サポート文（支持文）」を増やす作業をさせます。

 考えましょう

【質問16】
次の文章の「中心文」はどれですか。

> 　コンビニでは、いろいろなことができます。たとえば、コピーをしたり、荷物を送ったり、デジカメの写真をプリントアウトすることもできます。銀行が閉まってからも、ATMでお金を引き出すことができるし、公共料金などを払うこともできます。コンサートのチケットを買うこともできます。

　この文章はコンビニについて紹介している文章です。まずコンビニについて書きたいことを1つの「中心文」にして、「サポート文」を増やす方法で書かれました。この文章を書くために行った作業を図で表すと、次のようになります。

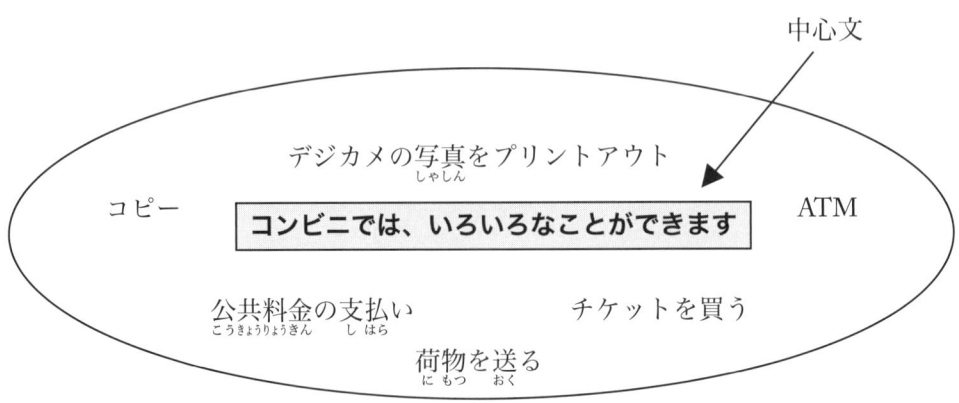

　このような指導は、もっと長い文章を書かせるときの準備にもなります。たとえば、この文章のように、コンビニについて便利な点をほかにもいくつかあげたら、それぞれを中心文にして、サポート文を加えて段落を作ります。そして、その段落を合わせて長い文章にすることができます。

【質問17】

次の文章の②と④の段落の中心文はどれですか。どのようなサポート文が書かれていますか。

---

① コンビニはとても便利な店です。

② コンビニでは、いろいろな物を売っています。たとえば、パンや弁当、菓子、カップラーメンなどの食べ物もたくさんあるし、文房具や日用品を買うこともできます。最近では、薬を売っている店もあるので、急な病気のときに助かります。

③ また、コンビニでは、いろいろなことができます。たとえば、コピーをしたり、荷物を送ったり、デジカメの写真をプリントアウトすることもできます。銀行が閉まってからも、ATMでお金を引き出すことができるし、公共料金などを払うこともできます。コンサートのチケットを買うこともできます。

④ 最近は、サービスも多様化しています。電話で注文したらお弁当や品物を届けてくれるサービスは、お年寄りや赤ちゃんのいるお母さんなどに、とても人気があるそうです。それから、本をインターネットで注文して、コンビニで受け取ることができるサービスもあって、サラリーマンの利用が多いそうです。商店街の近くのコンビニには、両替の機械が置いてあるところもあります。

⑤ 私は、よくコンビニに行きます。忙しい人にとって、コンビニはとても大切な店だと思います。

このようなまとまった文章を日本語で書くためには、以下のような展開（前の文にどのような関係を持った次の文を書いていくか）や表現を整理しておくといいでしょう。

＜文章の展開方法（例）＞

a) 時間の順に書く。
b) 空間の配列で書く。
c) 原因を書いてその結果を書く。または、結果を書いてその原因を書く。
d) 比較したり対照したりして書く。
e) 具体例をあげる。
f) 質問をして答えを出す。

<表現（例）>

- ・質問（問題提起）の表現
- ・分類の表現
- ・比較の表現
- ・伝聞や引用の表現
- ・定義の表現
- ・原因や理由の表現
- ・割合を表す表現
- ・意見を述べる表現　　など

【質問 18】

① 【質問 14】（p.19）で取り上げた**活動Ⅰ、Ⅱ**の練習は、前のページの展開方法 a)〜f) のうち、どれを学ぶことができるでしょうか。

② 前のページの「コンビニ」の文章で、中心文に加えたサポート文は、前のページの a)〜f) のうち、どの方法で展開しているでしょうか。

【質問 19】

次の (A) (B) の練習は、上にあげた表現のうち、どのような表現を学ぶための練習でしょうか。

(A) 次の表現を使って、2つの絵の相違点を説明しなさい。

◎ ┌ AもBも〜という点ではほとんど変わりがない。
　 └ AとBのどちらも〜。

◎ しかし、┌ AはBより〜。
　　　　　├ AはBにくらべると〜。
　　　　　└ Aは、〜という点で、Bより〜。

プランA　　　　　　　　　プランB

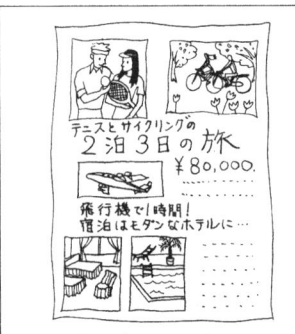

テニスとサイクリング　　　　古いお寺や神社を見る
モダンなホテルに泊まる　　　日本的な旅館に泊まる
2泊3日：8万円　飛行機で1時間　　2泊3日：8万円　新幹線で5時間

(B) 次の会話文を読んで、あとの文を完成しなさい。

A　：木村さんは、大学で何を勉強しようと思っているんですか。
木村：日本の経営学を専攻するつもりです。
A　：そうですか。何か特別な理由でもあるんですか。
木村：父が貿易会社を経営しているんです。
　→　木村さんは、………………………………………………そうだ。
　　　………………………………………………ためらしい。

『にほんご作文の方法』（第三書房）pp.29-31, pp.33-34 を利用

2-5. 構成

　さらに、もっと長い文章を書かせる場合は、文章全体の構成について考えさせる必要があります。

 考えましょう

【質問20】
次の文章を3つに分けるとしたら、どのように分けますか。

　わたしは今、日本のアニメの専門学校に入るために、日本語を勉強しています。
　子どものとき、近所に日本人の家族が住んでいて、その子どもたちによく漫画の本を貸してもらいました。もちろん日本語はわかりませんでしたが、わたしは絵をかくのが好きだったので、いつも漫画の本を見ていました。そして、いつか日本でアニメの仕事をしたいと思いました。
　高校を卒業してから、友達はみんな大学へ行ったり、会社で働いたりしました。でも、わたしは日本の新しいアニメの技術を習いたいと思ったので、お金を貯めて、日本へ来たのです。
　それで今、大阪の日本語学校で毎日日本語を勉強しています。
　わたしは将来、ほんとうにアニメの仕事ができるかどうか、わかりませんが、頑張ってみようと思っています。

『みんなの日本語初級　やさしい作文』（スリーエーネットワーク）p.75 より

25

日本語で書かれた文章の構成によく見られるタイプは、全体が3つに分けられるものです。書くときに構成を考えて書けるようになるために、長い文章を読むときにも、構成を意識して読む練習をしておくと役に立ちます。

【質問21】

次の文章（A）（B）は自分の意見を述べる文章（意見文）です。意見文には、次のような構成のタイプがありますが、次の文章は、それぞれ、どのタイプの文章でしょうか。

①結論が最初と最後にあるタイプ

②結論が最後にあるタイプ

③結論が最初にあるタイプ

④その他

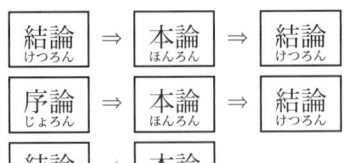

(A)

　　わたしは日本でよく地下鉄に乗りますが、地下鉄は行きたい所へ速く行けるので、とても便利です。駅には自動券売機があって、簡単に切符が買えます。そして、日本ではいつも電車が時間通りに来るので、びっくりしました。わたしは日本の地下鉄は非常にいいと思います。
　　タイには、地下鉄がありません。わたしはいつもバスで会社へ行っています。しかし、朝と晩はひどいラッシュで、いつも道が込んでいます。バスに乗っていても、なかなか動きません。そんなときには、歩いている人のほうがバスより速いです。道が込んでいなかったら、うちから会社まで車で40分ぐらいですが、ラッシュのときは、2時間半ぐらいかかってしまいます。ほんとうに時間がむだです。
　　わたしは日本のように、タイにも地下鉄を早く作ってほしいと思います。地下鉄ができれば、今よりずっと便利になるでしょう。

『みんなの日本語初級　やさしい作文』（スリーエーネットワーク）p.101より

(B)

> わたしは、駅を全面的に禁煙にするべきだと思います。
> 　その理由は３つあります。まず第１に、駅は公共の場であり、子どもや喫煙しない人々が多く利用する場所ですから、安全で清潔であるべきだと思うからです。次に、現在は駅のすみのほうに喫煙ルームがありますが、その中やまわりはにおいがして、煙がたちこめているので、健康に悪そうです。わざわざ設置するのは駅全体のイメージにも悪い影響があります。最後の理由は、通勤時間や移動時間ぐらいは、そんなに長い時間ではないので愛煙家の人も我慢をすればいいと思うからです。
> 　以上の理由で、わたしは駅を全面的に禁煙し、クリーンな環境を作るべきだと思います。

　学習者に長い文章を書かせる段階になったら、このような文章全体の構成を教えることが必要です。そして、文章を書く前に、構成メモを作るように指導します。
　【質問21】では意見文の構成を取り上げましたが、ここでは、例として自分で調べたことを報告するレポート（報告文）の構成を考えましょう。

<活動例：日本のことわざについて調べてレポートを書く>

① まず、レポートで書こうと思うことを「はじめ」「なか」「おわり」の３つに分けます。

はじめ	調べた理由・目的
なか	課題（調べたこと） 調べた内容（方法と結果）
おわり	まとめ

② それから、それぞれの部分について、書くことをさらにくわしく書き出します。

はじめ	調べた理由・目的 「猫の手も借りたい」ということばが「忙しい」という意味を表すことを知り、日本のことわざを調べようと思った。
なか	課題（調べたこと） 調べた内容（方法と結果） 猫のつくことばにはどんなものがあるか 辞書で調べた。参考図書「○○辞典」 日本人の友だちに聞いた。 「猫の額」 「猫なで声」 「猫をかぶる」
おわり	まとめ 猫は日本人にとって親しみのある存在だったのではないか。 世界にも猫のつくことばがあるか調べてみたい。

　このように、書きたい内容を構成にそってメモすることによって、全体の構成を意識することができ、むだな内容、足りない内容を確認し、どのような構成が効果的か考え直すことができます。

2-6. 読み手

　ここまで、特に日本語や日本語の文章の特徴を意識しながら、表現、文、段落、そして文章を書くための指導について考えてきました。しかし、数行の文や１つの段落の長さの文章を書かせるときでも、大切なことは、その文や文章を読む「読み手」を想定させることです。

考えましょう

【質問22】
次の (A) ～ (D) の文章は、たとえば読み手が日本人であることを意識すると、どのような問題があるでしょうか。

(A)

> とうきょうとはにほんのしゅとでじんこうがにほんのとどうふけんのなかでもっともおおいとききいていました。

(B)

> 日曜日、静岡県にある富士山という高い山に登りました。富士山はとても高い山で有名です。

(C)

> （グリーティングカードに）
> メリークリスマスと新年おめでとうございます！

(D)

> 春節には毎年街の中で何件か火事がおきるが、今年は大きな火事になってしまった。その火事で私のおばの家が燃えてしまい、おばの飼っていた犬がけがをした。

　「書くこと」もコミュニケーションの1つだと考えると、1人で書いているときも、「書き手」は「読み手」の立場を想定しなければなりません。自分の心の中で、今書いている文章を読む相手がどのような人か、この文章をどのように読むか、どのような質問をするか予想する、いわば「自己対話」をしていく必要があります。
　たとえば、(D) の文章の「読み手」が日本人であれば、この文章を読んだ「読み手」は、次のような反応をするだろうと考える必要があります。

「春節には」

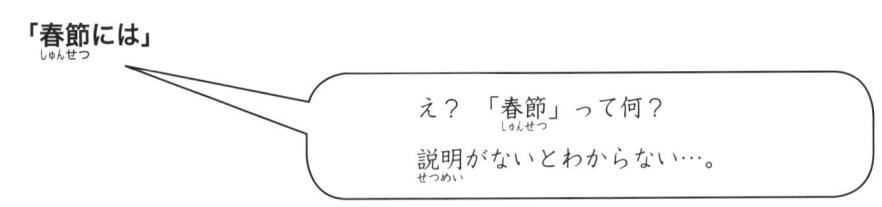

> え？「春節」って何？
> 説明がないとわからない…。

「毎年街の中で何件か火事がおきるが、」

> どうして、春節には火事がおこるの？
> 理由を説明してほしい…。

「今年は大きな火事になってしまった。」

> なぜ、大きな火事になったんだろう？
> どんな被害があったのかな。

そして、その「読み手」が出すと思われる質問に答えるつもりで、文章を書いたり書き直したりしなければなりません。

このような「読み手」を意識した「書く」活動をするためには、まず、①教師の作文の課題に「読み手」を設定すること、そして、②学習者にも、「読み手」の存在を意識させることが必要です。

【質問23】

次のような作文の課題を、「読み手」を意識した作文の課題にするためには、どのようにしたらいいと思いますか。そして、学習者にはどのようなことに注意させる必要があると思いますか。
① 料理の作り方
② 履歴書の書き方

教師は、学習者の目標レベルに合わせて、読み手やわかりやすい目的を決めて課題にします。そうすると、学習者の書いた文章に対して、添削やコメントもしやすくなります。
また、学習者に「読み手」を意識させるためには、たとえば次のような活動をしてみるといいでしょう。

活動

課題：はじめて会う人や自分のことを知らない人に自己紹介をする。
読み手：クラスメートまたは同世代の日本人
文体・文字数：ていねい体・200字程度

1. ペアで、相手について聞き合います。聞いた人は答えをメモしておきます。

    例： お名前は？　　　　　　　　（ ○○○○○○ ）
    　　どこに住んでいますか？　　（ 香港 ）
    　　家族は何人ですか？　　　　（ 4人 ）
    　　趣味は何ですか？　　　　　（ バスケットボール ）

2. 1のメモを相手（答えた人）に渡します。メモをもらったら、それを使って、自己紹介文（1回目の作文）を書きます。

    例： ぼくは、○○○○○○です。
    　　香港に住んでいます。
    　　家族は4人です。父と母と弟とぼくです。
    　　ぼくの趣味はバスケットボールです。

3. 「1回目の作文」を、ペアで交換します。

4. 「1回目の作文」を読んだ学習者は、書いた学習者に、内容がもっと詳しくなるような質問をします。（母語でもいいです。）

    例：「弟がいるんですね？　何歳ですか？　どんな弟ですか？
    　　どんなところがかわいいですか？　ときどきけんかをしますか？」
    　　「バスケットボールが好きなんですね？　いつ、どこで練習していますか？　好きな選手はいますか？」

5. 作文を書いた学習者は、4で聞かれた質問と答えをメモしておいて、「1回目の作文」の文を中心にして、文を増やします。

6. 必要に応じて、この3.～5.の活動をくり返して文章を増やします。

　この活動は、ほかの学習者と協力しながら、長い文章を作っていく活動です。クラスメートに実際に「読み手」になってもらって、文章を見直したり書き加えたりします。「読み手」は、わからないことを聞いたり、もっとくわしく説明してほしいところを言ったりして、「書き手」は、「読み手」にわかりやすい文章を書くように

工夫します。ここでは「自己紹介」を取り上げましたが、いろいろな課題で同じような活動をすることができます。学習者が1人で文章を書くようになったときも、自分が「書き手」だけでなく、心の中で「読み手」にもなって、書く必要があることを意識させるための活動です。

2-7. 書くプロセス

「2-5. 構成」や「2-6. 読み手」で見てきたように、私たちは、文章を書くとき、内容を考え、読み手を考え、構成を考えて準備をします。ここでは、このような文章を書くプロセスに注目しましょう。私たちは、書いているとき、まず考えて書き、書きながらまた考え、さらに書き…ということをくり返しています。学習者に、この「書くプロセス」を意識させることは、書く能力を高める指導をする上で重要なポイントの1つです。

私たちは文章を書くとき、どのようなプロセスを経ているのでしょうか。

ふり返りましょう

【質問24】
何かまとまった文章を書くとき、自分がどのようなプロセスを経ているか、ふり返ってみましょう。母語で文章を書くときを思い出してもいいです。
①書く前に何をしていますか。
②書いているとき何をしていますか。
③書いた後で何をしていますか。

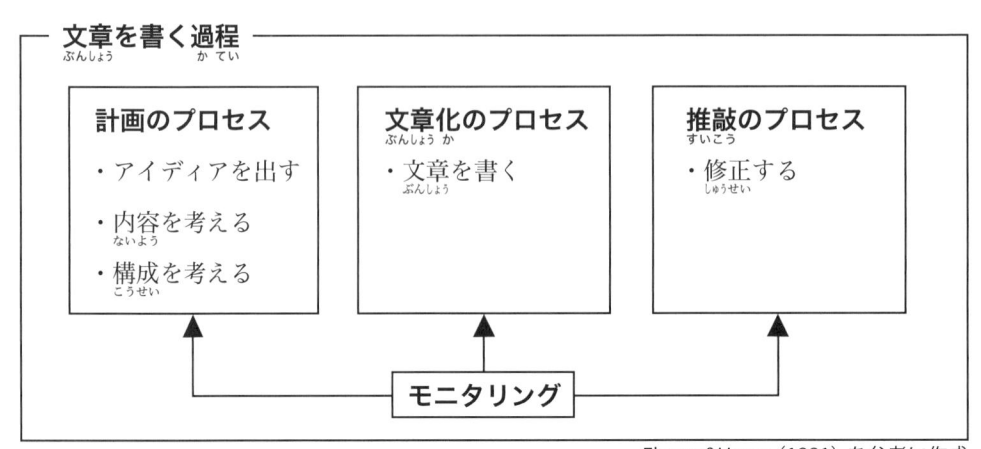

文章を書く過程

計画のプロセス	文章化のプロセス	推敲のプロセス
・アイディアを出す ・内容を考える ・構成を考える	・文章を書く	・修正する

↑　　　↑　　　↑
モニタリング

Flower&Hayes (1981) を参考に作成

図1　文章産出のプロセス

図1のモデルは、書くプロセスを単純化したものです。私たちは文章を書くとき、計画を立てることと、書くことと、読み返して直すことを順番に行っているのではなく、実際は考えたことを書きながら、読み返して、また内容を考える…、それをくり返して文章を仕上げています。「計画のプロセス」と「文章化のプロセス」と「推敲のプロセス」は、1つずつ段階を進むというものではなく、何度もくり返しながら、文章を完成させていくのです。

　学習者は、書くときに、目的に向けて自分の考えを整理し、書きながら日本語での表現を考え、自己チェックをしつつ完成させていきます。この作業の負担をできるだけ軽くし、学習者の動機を高め、日本語で書く力を向上させるためには、教師の工夫が必要です。

　ここでは、(1) 計画のプロセスに関すること、(2) 文章化のプロセスに関すること、(3) 推敲のプロセスに関すること、の順に、どのような工夫ができるか考えていきましょう。

(1) 計画のプロセス

　少し長い文章を書くためには、内容についての知識を整理したり、書く目的を考えて構成したりする準備が必要です。

　「書きたい」という気持ちだけでは、すぐ文章を書き始められない場合も多いので、書く前の準備の時間はとても大切です。

１．思考マップ

　文章を書く前に頭の中に浮かんだものを書き出して整理する方法の１つに、「思考マップ」があります。「思考マップ」は次のように書きます。

　まず中央に作文のトピックを書きます。そして書くものについて、頭に浮かんだことをどんどん書いていきます。絵が得意なら絵でイメージを深めてもいいかもしれません。「なぜ～なのか」というような文でもいいです。

　そして、線でつないだり、増やしたりしながら、カテゴリー別に小さい枝を増やしていきます。

　何を書いていいかわからない場合、5W1H (「いつ」「どこで」「だれが」「何を」「どうした」) などの方法で考えるといいでしょう。そしてその中から、書く内容を選んだり、構成について考えたりします。このような作業をして作文の内容を考えているときは、母語を利用するのもいいでしょう。まずたくさん書いて、後で何がい

ちばん言いたいのかをしぼります。

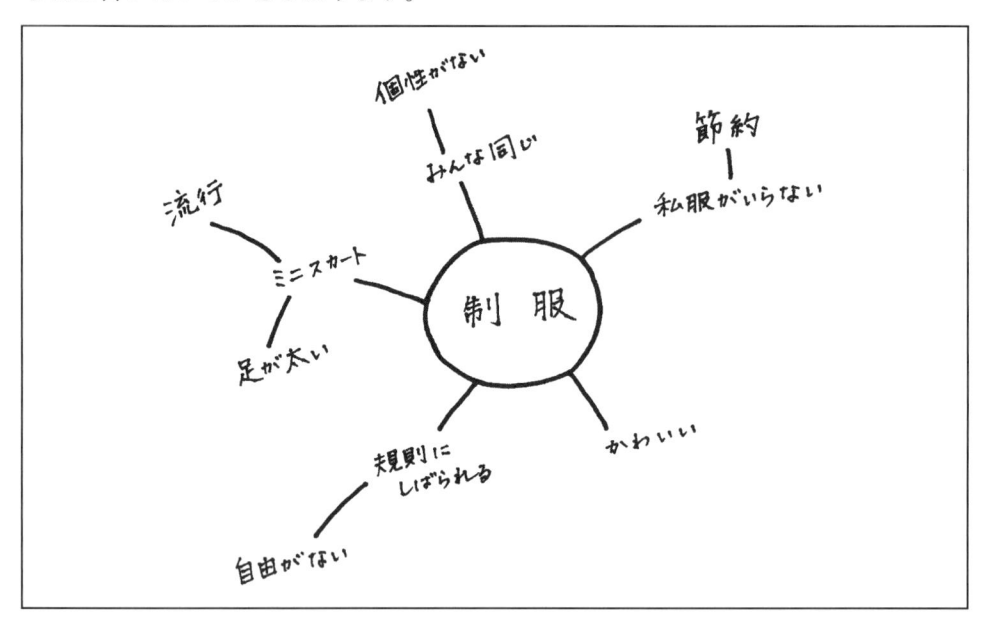

```
           個性がない
              |
         みんな同じ      節約
   流行       |        /
     \       |       私服がいらない
     ミニスカート    ／
        \   ／
         制 服
        ／   \
   足が太い     \
              かわいい
        規則に
       しばられる
         |
       自由がない
```

『ピアで学ぶ大学生の日本語表現』（ひつじ書房）p.24 を参考に作成

やってみましょう

【質問 25】

「わたしと日本語」というトピックで、思考マップを書いてみましょう。
そして、このトピックで作文を書くとき、あなたは、マップのどの部分を文章にするか、考えてください。

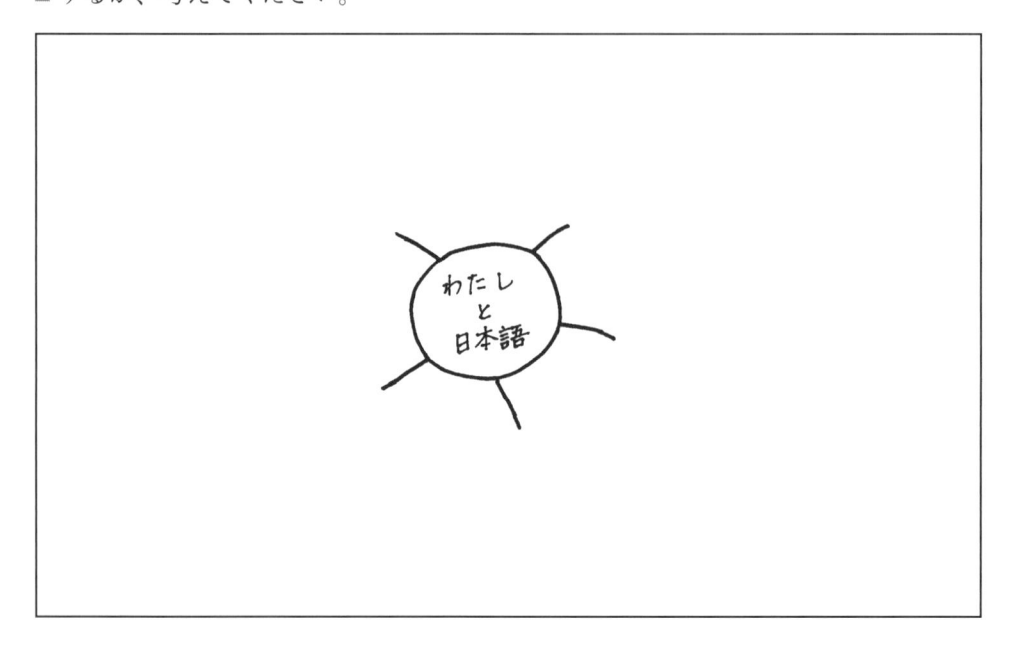

```
        わたし
         と
        日本語
```

「思考マップ」を書く段階で、クラスの友だちとそれぞれの構想を話し合い、アイディアを具体化していくということもできます。これは「ピア活動」の一種です。「ピア（peer）」は「仲間」という意味で、「ピア活動」は、学習者同士が助け合って、対話し質問し合うことによって、自ら答えを見つけていく、という活動です。自分のアイディアをことばにして相手に伝えることで、アイディアがより具体的になり、相手からも意見をもらうことで、書く際に読み手を意識することができます。

2．キュービング

　もう1つのアイディアの整理方法として、「キュービング」という手法があります。書くべきテーマを、立方体にたとえて、6つの側面から考えて内容を充実させていく方法です。特に、あるものや人や行事などを紹介したり、説明したりする文章を書くときに、考えをまとめるために使うことができます。また、見たものや読んだ本について、感想を述べる文章を書くときも便利です。

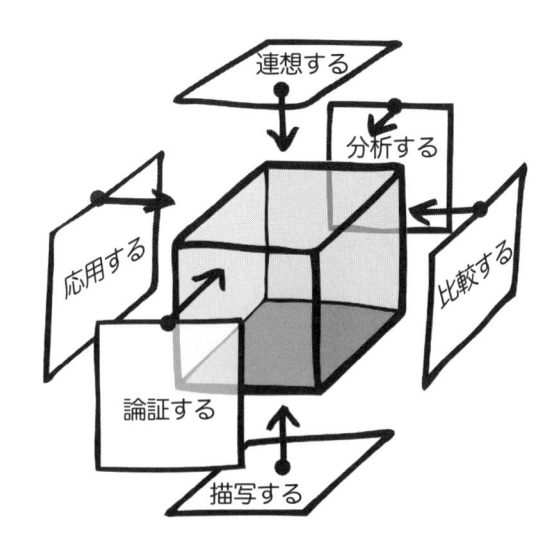

　教師がこのような箱を作っておいたり、学習者に自分の箱を作らせておいたりすると、学習者は、1つのテーマについて、6つの面から考えて書くことをイメージしやすくなります。そして、このキュービングを使ったアイディアのまとめ方は、次のように行います。
　① 書くテーマを決めます。
　② そのテーマについて、次の6つのポイントで、書く内容を考えます。
　　(1) 描写する
　　　書くものをよく見たり、思い出したりして元になるポイントを書き出します。五感も十分に使って観察し、表します。

(2) 比較する
　　それは何に似ているか、または何と違うか、考えて書きます。
(3) 連想する
　　そこから思い出されるものを考えて書きます。どのようなものにつなげることができるか、自由に考えます。
(4) 分析する
　　それは何によってできているか、または何の一部なのか、どのように作られたりできあがったりしたものか、などを考えて書きます。全体的にとらえるのではなく、部分で分けて見直します。
(5) 応用する
　　それはどのように使うことができるか、また、それを使ったら何ができるか、何かに利用することができるか、考えて書きます。
(6) 論証する
　　それに賛成する立場に立つか、反対の立場に立つか、理由とともに示します。

　この6つのポイントで考えるキュービングは、書こうとしているテーマについて、いろいろな角度から書く内容を考えてみることが必要だ、ということを伝えている発想法です。
　この活動はグループやクラスで行うこともできます。たとえば、クラスを6つのグループに分けて、それぞれ1つのポイントを分担し、文を作って書いてから、全員で発表し合うこともできるでしょう。また、6人のグループで、1つずつのポイントを考えてから、相談して文章を作ることもできます。その場合は、グループによって、自分たちの興味や関心のあるテーマを選ばせることもできるでしょう。
　さらに、同じクラスに運用力の異なる学習者がいるときも、学習者をレベル別のグループに分けて、それぞれのグループに（同じテーマでも）書く量や語彙、表現などが異なるものを作らせることができます。そのような場合は、教師が、6つのポイントを、それぞれのレベルに合わせた質問にして、提示するといいでしょう。たとえば、同じ「描写する」について、かなり初級のレベルの学習者には、色や形、大きさ、においなどを書くだけでもいいと指示を出し、運用力の高い学習者には、同じものを観察して、もっと細かい点やくわしい内容を描写するように指導することができます。

やってみましょう

【質問26】
次のテーマについて作文を書くと想定して、キュービングを使って書く内容を整理してみましょう。
　①自分の宝物や好きなもの、好きな人について
　②日本の文化や習慣について（具体的なものを1つ取り上げる）

　アイディアの整理のためには、思考マップやキュービングのほかにも、いろいろな方法があるでしょう。友だちと話しながら、考えることもできます。また、関連する本を読んだり、調べたりすることもできます。現代ではインターネットで検索するなど、情報を取る方法も増えています。

　アイディアがふくらんできて、整理ができたら、それを使って、「2-4. 段落・まとまり」で見たように構成を考えていきます。構成図を書いたり、中心文をメモしたりしてから、それぞれの段落の書き方を考えて書き進めていくと、思いついたものを並べるだけではない文章ができあがります。

(2) 文章化のプロセス

　アイディアを整理して、構成を考えたら、実際に書く段階に入ります。そして、p.33でも書いたように、書きながら、さらにアイディアをふくらませたり、構成を考え直したりします。また、文章表現の得意な書き手は、書いている間に何回も表記、表現、内容の確認や推敲をくり返しています。
　次のページの図2は、作文の上手な人が、どのように文章を書いているか、頭の中で起きていることを簡単に表したものです。文章を書くとき、頭の中の「内容に関する問題空間」と「言語表現に関する問題空間」という2つの空間の中で、それぞれ「何を書こうか」「どう書こうか」という問いが生まれています。そして、「内容に関する問題空間」から「言語表現に関する問題空間」に対しては、「自分が書きたいことはどのような表現を使って書けばいいのか。」という問いかけが、逆に、「言語表現に関する問題空間」から「内容に関する問題空間」に対しては、「この表現や文は、自分が書きたい内容を表しているか。」という問いかけが生まれます。

このような問いかけをして、内容を考えて、どのように書くか考えながら書き、また書きながら内容を整理します。そうすると、もともと自分が持っていた「内容に関する知識（考え）」も整理されて変わったり、「文章構成の知識」も増えたり整理されたりするのです。そして、それが、また、書く作業（表出）に反映されます。

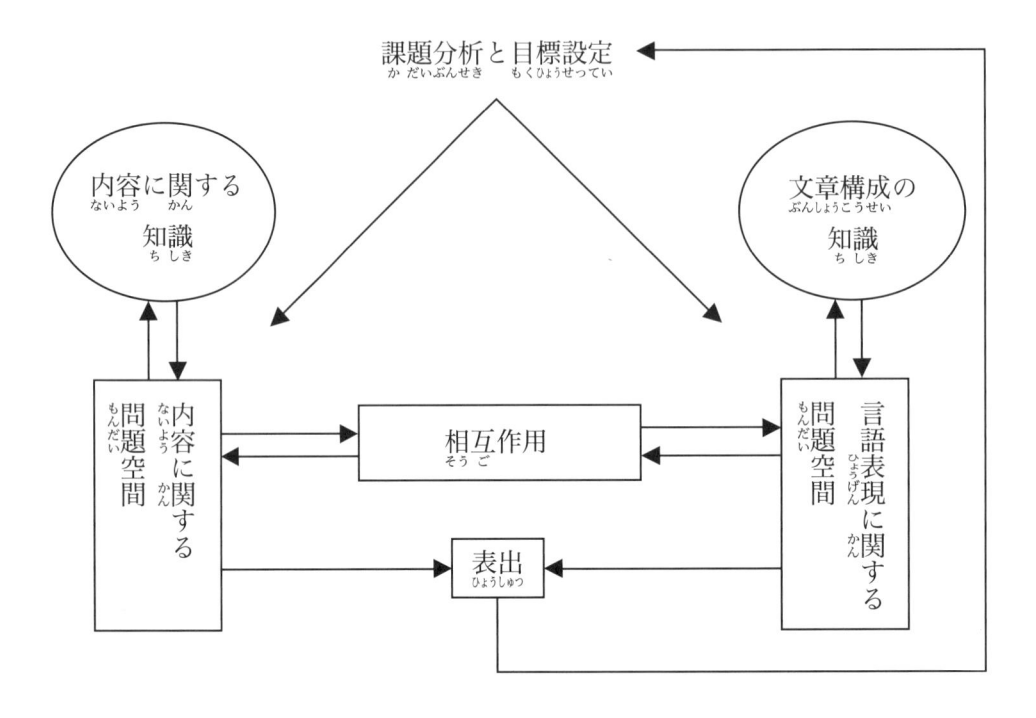

図２：作文の上手な人の書くプロセス
Scardamalia & Bereiter（1987）を参考に作成

　作文の上手な人は、このように、トピックに関する内容と、文章を書くためのことばのルールや表現の方法を考え合わせて、書き進めています。内容を考えて、どのように書くか考えながら書き、また書きながら内容を整理する……ということをくり返しています。考えたことを書いたり、考え直すだけでなく、書くことで考えが変わったりふくらんだりするのです。

　けれども、特に外国語で文章を書く場合、慣れていない学習者は、そのように「書く作業」と頭の中とを何度も往復しながら、書いていることを修正しつつ、書き進めることは、なかなかできません。書き始めてからは、どうしても「書く作業」にばかり、注意が向けられてしまいがちだからです。そのため、思いついたことを順番に書き連ねていくような書き方しかできない場合が多くあります。

　ですから、このような学習者に「書く」指導を行うときは、ここまで述べてきた

ように、書くことが上手な人が無意識に頭の中で行っている計画のプロセスや文章化のプロセスを意識的に行わせる必要があるのです。

　文章化のプロセスで1つ考えておきたいのは、辞書を使うメリットとデメリットです。
　テストなどで、辞書を使わないで、覚えていることばだけで文章を書かせることが必要な場合もありますが、授業や練習では、辞書を使って、意味を確認したり、使えることばを増やしたりすることは役に立ちます。学習者にとっては、頭の中にいいアイディアがあっても、日本語でどう表現すればいいのかわからなかったり、自分が書こうとしている語彙や表現が自分の考えを表すのにいちばんいいものかどうか判断できなかったりすることが多いでしょう。そのようなとき、辞書は表現の幅を広げてくれます。すぐには思い浮かばない語彙も、辞書を調べる中で「ああ、このことばがあったのに、忘れていた。このほうがぴったりだ。」と思えるものに出会えることもあるでしょう。辞書を使うと、豊富な語彙が使用できるようになります。
　けれども、一方で、辞書に頼りすぎると、かえって多くのことばの中から最も適当な語彙を選べなくなり、思わぬまちがいも起こります。たとえば、

　　「プレゼントをもらって＿＿＿＿＿＿＿＿＿＿＿＿」

の後に、「おどろいた」というような気持ちを書きたいけれども「おどろく」以外のことばを使いたいと思ったとき、自分の国の言語と日本語の辞書（たとえば、英和辞書のようなもの）だけを利用して、そのままことばを当てはめると、

　　「プレゼントをもらって驚愕した」

というような文を書く学習者が少なくありません。同じ意味のことばでも、これまで述べてきたように、文章の読み手や目的を考えて、選ばなければなりませんから、調べた語彙が、自分が書いている文章に合っているかどうか、確認する必要があります。
　辞書は、学習者にとって欠かせないものですが、このような使い方にならないような指導も大切です。たとえば、用例が豊富な国語辞典で確かめたりする練習もできるといいでしょう。国語辞典の中には、次の例のように、使い方に触れているものもあります。また、インターネットなどで検索して、そのことばがどのように使

われているか確認するのもいいでしょう。

> [きょう-かく]₂【胸郭〈胸▼廓〉】骨ころ、胸骨が組み合わさって胸部の壁をつくっている骨格。『胸郭を広げる』『胸郭呼吸』
> [きょう-がく]【共学】〈ーする〉男女が、同じ学校、教室で一緒に学ぶこと。『男女共学』
> [きょう-がく]【教学】教育と学問。
> [きょう-がく]【驚▼愕】〈ーする〉非常におどろくこと。「急死の訃報に驚愕する」「突然の報に驚愕させるなよ」→囲
>
> | 驚▼愕 | | | | |
> |---|---|---|---|---|
> | 仰天 | ○ | ○ | ○ | ー |
> | びっくり | ○ | ○ | △ | ー |
>
> 〜の声〜する そんなに〜させるなよ 大きな物音に〜する
>
> [ぎょう-かく]団1【仰角】目の高さより上にある地点や物体と目を結んだ直線と、水平線の成す角。⇔俯角ふかく
> [ぎょう-かく]団2【行革】「行政改革」の略。複雑化した行政機構を、組織の統合、人員の整理、予算の削減などの手段によって改善すること。
> [ぎょう-かく]団3【磽▼确（→墝▼埆ゲキカク）】石が多く、土地がやせていること。また、そのさま。▼「こうかく」の慣用読み。
> [ぎょう-かく]【行学】仏教で、修行と学問。
> [きょう-かーしょ]【教科書】教科用図書。教科の教材として編集された図書。「教科書の検定」

『現代国語例解辞典』（小学館）より

(3) 推敲のプロセス

　推敲は、書いている途中で何度もくり返し行います。推敲には、表現や文型に関する確認と、内容に関する確認があります。
　まず、表現や文型に関する推敲から考えましょう。

やってみましょう

【質問27】
次の「チェックリスト」を使って、(A)〜(C)の文章を推敲してみましょう。問題のない項目に✓、見直しが必要な項目に×をつけましょう。

<表現チェックリスト>

	(A)	(B)	(C)
1. ていねい体と普通体がまじっていないか	×		
2. 「のだ」「のである」の使用は適切か	✓		
3. 一文の長さは長すぎないか	✓		
4. 主語と述語はねじれていないか	✓		
5. 呼応表現を忘れていないか	✓		
6. あいまい接続の「が」を使っていないか	×		
7. 話しことばを使っていないか	✓		
8. 「いちばん」「絶対」の使用は適切か	✓		
9. 文末（文の最後）の表現は適当か	×		

(A)

たばこを吸う人のまわりはにおいがしてすごく迷惑だが、自分の部屋以外のすべての場所を禁煙にするはずです。

(B)

私は中国の北京から来たのだ。日本に来たのははじめてなので、最初は知り合いがいなかったから、中国の友だちとだけ話していたから、なかなか日本語が下手で、本当に困ったのだ。

(C)

環境問題で、自分にできることは、ムダな紙を使わない。1人にできることは小さいが、みんながやれば、環境はよくなる。紙を大切にして、エコが広まるほうがいちばん自然にやさしい。

推敲は、主に、表現や文法、文型に関して行ってきた学習者が多いかもしれません。しかし、それと同じように大切なのが、内容に関する推敲です。内容に関しては、たとえば、書く前に整理した思考マップやキュービングなどをもう一度読み返して、そこから書く内容を選んだときのことを思い出します。そして、「課題」、「読み手」や「目的」をもう一度確認してから、今、自分が書いているものと、書く予定だったものを照合します。必ずしも、書く前に決めていたこととまったく同じである必要はありませんが、変更する場合は、なんとなく、いつの間にか変わってしまっているのではなく、自分の内容が修正されていることを自覚する必要があります。「課題」、「読み手」、「目的」をふり返って見直し、予定していた内容と同じものが書けているか、または、意識的に修正しつつ、よりよい内容が書けているのか、確認することが必要です。

　内容に関する推敲は、1人で行うだけでなく、読み手の立場に立つという点からも、学習者同士のピア推敲で行うことが考えられます。
　次の手順に従って、書いたことについて、学習者同士がフィードバックをするピア推敲を体験してみましょう。

手順

（学習者が一度作文を書いた後の活動）
1. まず、相手の書いた文章を読んで、いいと思うところを確認し、書き手の主張やその根拠などを理解します。
2. それから、お互いに次のことを話し合います。
   ①いいと思うところを言う。
   ②もっと説明してほしいところを言う。
   ③直したほうがいいところを言う。
   ④書き手が相談したいことを聞く。
3. 話し合いが終わったら、その内容をもとに、書き直します。

【質問 28】
自分で行う推敲と学習者同士で行うピア推敲の長所と短所を考えましょう。

推敲方法	長所	短所
自分で行う推敲		
学習者同士で行うピア推敲		

　ピア推敲を取り入れた場合は、活動後のふり返りが重要です。学習者同士のフィードバックを体験してどのようなことに気づいたかを話し合うことで、ピア推敲がさらに効果的になります。
　実際の「書く」授業や活動では、推敲の時間が取りにくいことが多いかもしれませんが、推敲は書く力を高めるためにとても大切です。自分で行う推敲と学習者同士で行うピア推敲を組み合わせて行うようにするといいでしょう。もし学習者同士の活動ができない場合は、時間が許せば、自分でも、書き終わってすぐではなく、時間をあけて他者の目で見直すということができるといいでしょう。

　このような推敲の観点は、教師からのフィードバックや評価の観点とも重なります。教師のフィードバックについては、次の第3章で、評価については、第4章で述べます。

3 書く能力を高める活動や授業のデザイン

　第2章では、コミュニケーションとして「書く」活動を、どのように指導したらいいか、整理してきました。読み手や書く目的の設定が必要であること、プロセスを意識した手助けが有効であることについて説明しました。

　けれども、授業の中で「書く」活動があまり行われない理由には、①活動に時間がかかること、②学習者があまり興味を持たないこと、③教師に、直したり評価したりする自信がないこと、などもあるでしょう。③については、次の第4章で取り上げますが、この章では、①や②の問題に配慮しながら、第2章までに述べてきた指導のポイントを授業に取り入れていく活動について、具体的に例をあげて説明します。

3-1.「書くこと」に慣れるための活動

　「書く」活動は、第2章でも述べたように、できるだけ初級の段階から書くことに慣れさせ、少しずつ書く量を増やしていくほうがいいでしょう。コミュニケーションであることを重視した「書く」活動を考える前に、そのような学習者の心理的負担を軽くする活動について、少し紹介しておきましょう。

やってみましょう

活動例①　サンプルの文章をまねて、紹介文を書く

> 1. 教科書などから、数百字程度の紹介文（自分のこと、家のこと、学校のこと、町のことなど）を選んで、見本の文章にする。
> 2. 教師は、その文章の中で、学習者が自分のことに変えて書いたほうがいいと思う部分に下線を引いておく。
> 3. 学習者は、下線の下に自分のことを書く。それから、もう一度、文章全体を新しい紙に書く。

応用：
＜1で＞

教師がサンプルを作ることもできます。その場合、少し内容を工夫してみましょう。たとえば、自己紹介の文でも、普通に自分を紹介するのではなく、自分が何かの製品になったり好きな動物になったりして、文章を書いてみます。家の紹介文でも、家にいるペットになったり、窓に来る鳥になったりして、書くこともできるでしょう。

活動例②　絵を見て覚えて、説明文を書く

1. 学習者1人1人に絵を渡す。
2. 3分間ぐらい時間を与えて、絵をよく観察させる。
3. 絵を回収する。
4. 学習者は、絵に描かれていたことについて、自由に文を書く。
5. 1の絵を黒板に貼って、作文の内容が合っているかどうか確認する。（自分で確認させるか、クラスメートと交換して確認させ合うかは、学習者によって決めてください。教師の添削と組み合わせるといいでしょう。）

応用：
＜1と5で＞

学習者に絵を渡すとき、ペアを作って、それぞれ違う絵を渡すこともできます。そして、作文を書いたら、となりの人と交換します。となりの人は作文を読んで絵を思い浮かべます。それから、絵を見せて、思い浮かべた絵と本当の絵が似ているかどうか確認します。

活動例③　グループで協力して、リレーで紹介文を書く

1. 「学校」や「町」など、クラスの学習者が共通に知っているものをテーマに選ぶ。
2. 4～6人のグループを作って、少し大きい紙を1枚ずつ各グループに渡す。
3. 学習者は、1人1文ずつ、テーマについての紹介文（そのテーマに関して知っていること）を書く。1人が1文書いたらとなりの学習者に渡して、紙を

> グループでまわしていく。
> 4. 時間を決めて、たくさんきれいに書けているグループを勝ちとする。

活動例④　グループで協力して、説明文でクイズを作る

> 1. テーマを決める。たとえば、動物、植物、食べ物、有名人など、または教室にあるもの、校庭にあるもの、台所にあるもの、などのように決める。
> 2. 学習者は、テーマに当てはまるものを1人1つ決めて、説明のための文を4つ書く。これがクイズの問題になるので、できるだけ、最初の文から1文ずつ順番に読んでいくにつれて、何の説明をしているのかわかるように書く。
> 3. グループで見せ合い、まちがいを直し合ったり、文の順番を入れ替えたりする。そして、グループの中で、問題を出す順番も決める。
> 4. 問題を出すグループは、各問題を1文ずつ声を出して読む。
> 5. ほかのグループは、答えがわかったら手をあげて、答える。最初の文で答えが合っていたら4点、2番目の文で答えが合っていたら3点……というように点数をもらう。
> 6. 問題を出したグループは、最初の文で正解を出されたら1点、2番目の文で正解を出されたら2点……というように点数をもらう。

　ここまで述べてきたような活動の目的は、「書くことに慣れる」ということです。ですから、サンプルを使ったりクラスメートと協力したりして、学習者がまず書くことに自信と興味を持つことができるような活動を行います。

　ここで教師が忘れてはいけないことは、このような活動では、書く文章が短くても、文型や表現、書きことばのルールの練習のためにだけ書いているわけではない、ということです。そのようなことを1つ1つ教師が修正しすぎると、学習者の「書こう」と思う気持ちが失われてしまって、抵抗感が強くなってしまいます。ことばやルールに関する指導は整理して行い、むしろ、書いていることや書いたことの内容について、教師やクラスメートがおもしろいと思ったり興味を持ったりしたことを、評価する必要があります。

考えましょう

【質問 29】
ここまで紹介した活動例①〜④は、みなさんの現場ではどのような授業のどの部分で行うことができますか。どのようなテーマで行ったらいいですか。

3-2. コミュニケーションを大切にした「書く」活動

(1) 「書く」活動の流れ

学習者が少し書くことに慣れてきたら、第2章に書いたように、「書くこと」がコミュニケーションであることを大切にして、書いた文章を読む相手を考え、書く内容について準備をしてから「書く」活動を行いましょう。

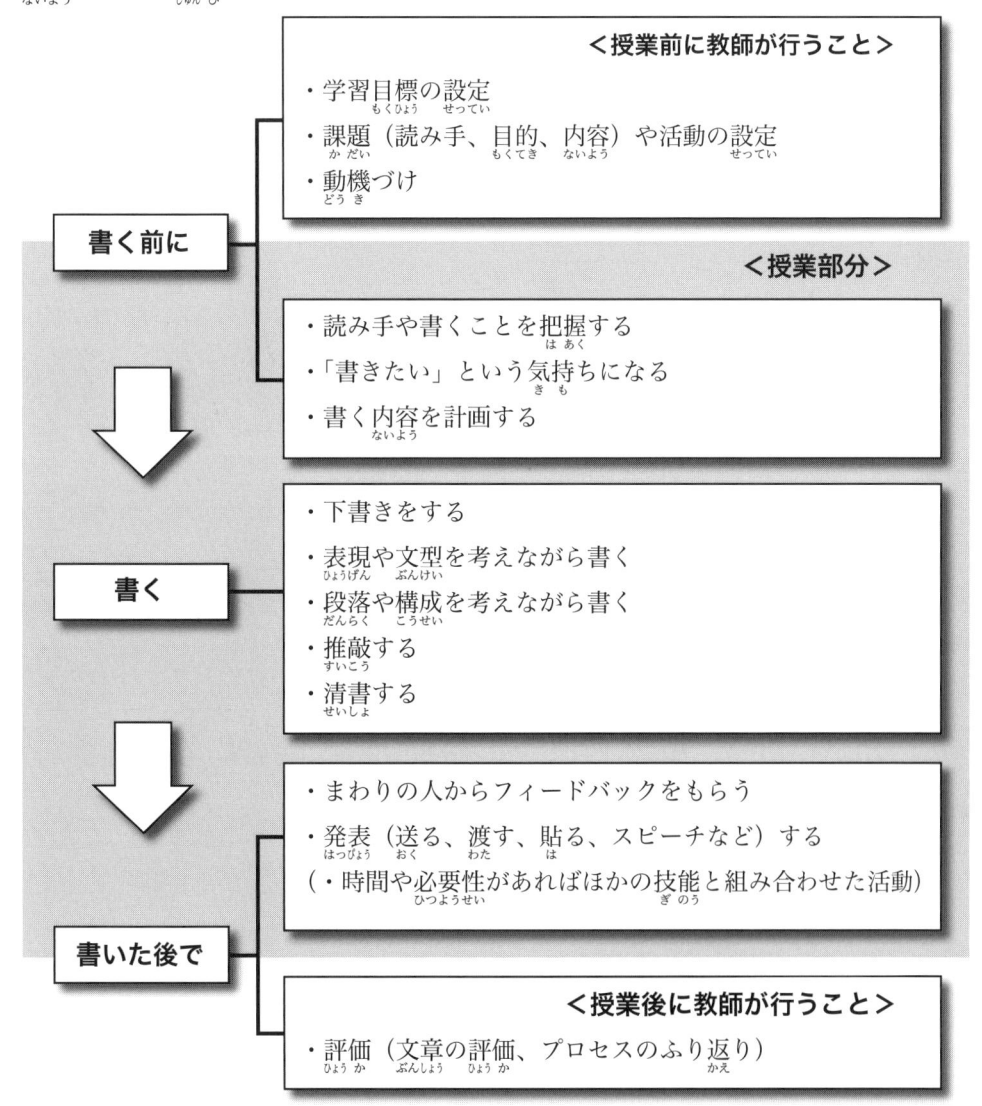

書く前に

＜授業前に教師が行うこと＞
- 学習目標の設定
- 課題（読み手、目的、内容）や活動の設定
- 動機づけ

＜授業部分＞
- 読み手や書くことを把握する
- 「書きたい」という気持ちになる
- 書く内容を計画する

書く

- 下書きをする
- 表現や文型を考えながら書く
- 段落や構成を考えながら書く
- 推敲する
- 清書する

書いた後で

- まわりの人からフィードバックをもらう
- 発表（送る、渡す、貼る、スピーチなど）する
- （・時間や必要性があればほかの技能と組み合わせた活動）

＜授業後に教師が行うこと＞
- 評価（文章の評価、プロセスのふり返り）

1．書く前に

　授業の前に、教師がしなければならないことを整理してみましょう。

　まず、学習目標を決めます。その文章を「書く」活動を通して、学習者に何ができるようになってほしいでしょうか。

　初級では、文法や文型を勉強した後、書く活動で、それを定着させたいと思うこともあるでしょう。また、「3-1.「書くこと」に慣れるための活動」で行ったように、書くことに慣れさせたいと思うことや、今までは数文の文章しか書かせていなかったので、もっと長い、段落のある文章を書かせたいと思うこともあるでしょう。このようなことも目標の1つにすることができます。

　けれども、書く能力を本当に高めるためには、そのような目標だけでなく、その「書く」活動で、学習者のどのような力を養いたいか、その活動を通して、学習者は何ができるようになるか、ということを考える必要があります。たとえば、

①身近な事がらについて説明する文章が書けるようになる
②自分の経験を描写する文章が書けるようになる
③直接的な話題について自分の意見を述べる文章が書けるようになる

などのような目標です。これをもっとくわしく、実際のコミュニケーションとして使う場面を想定して考えてみましょう。たとえば、①身近な事がらを説明する文章は、何のために、どのようなときに、だれに対して書く必要があるか考えます。そうすると、たとえば、

> 自分がよく知っていることを知らない人に説明する

場合があることに気づきます。そして、授業の目標を、

> 自分がよく知っていることを知らない人に説明する文章が書けるようになる

とすることができます。

次に、その目標に合った課題を考えます。学習者にわかりやすいように、「だれに」「何を」「何のために」書く文章を課題にするのか、明確に決めなければなりません。学習者が「書きたくなる」活動を考えることも大切です。

　まず、トピックは、学習者が書きやすいもの、学習者にとって身近なものから取り上げるようにしましょう。すぐにアイディアが浮かばないもの、そのトピックについて知識がないものを書かせるのは、学習者の負担が大きくなり、結果的に、書くことがきらいになってしまいます。

考えましょう

【質問30】
次のような学習項目で作文を書かせるとき、(A)と(B)の課題では、それぞれどのような力を養うことができるでしょうか。

○学習目標：自分の町や自国の観光地など、自分が知っている場所について、知らない人に紹介（説明）することができる。

課題(A)

> タイトル：「私の町」
> 使用する文型：①〜に〜があります　②まず、次に、それから

課題(B)

> 日本の姉妹校で、あなたの町の紹介をすることになったそうです。
> あなたの町に来たことがない学生たちに、あなたの町を紹介してください。
> もし、遊びに来たら、どんなことができるか、400字程度で書いてください。

(A)のような課題を与えられると、学習者は以下のように考えます。

① この文型、どこに使おうかな。

② 「まず」「次に」は順番を表すときに使うんだな。

③ じゃ、旅行の日程を書けばいいかな。

(B)のような課題を与えられると、学習者は以下のように考えます。

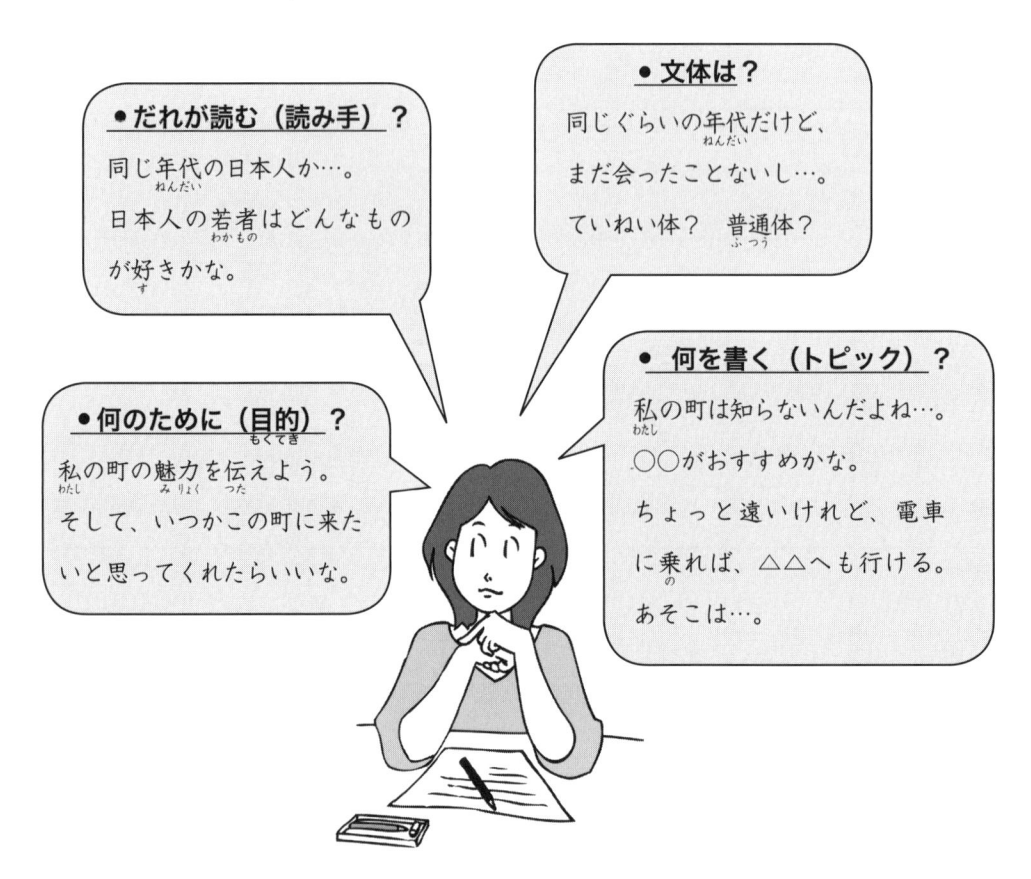

- だれが読む（読み手）？
  同じ年代の日本人か…。
  日本人の若者はどんなものが好きかな。

- 文体は？
  同じぐらいの年代だけど、まだ会ったことないし…。
  ていねい体？　普通体？

- 何のために（目的）？
  私の町の魅力を伝えよう。
  そして、いつかこの町に来たいと思ってくれたらいいな。

- 何を書く（トピック）？
  私の町は知らないんだよね…。
  ○○がおすすめかな。
  ちょっと遠いけれど、電車に乗れば、△△へも行ける。
  あそこは…。

(A)のような課題を出さなければならないこともありますが、学習者にも「書くこと」をコミュニケーションの1つとして意識させるためには、(B)のような課題の与え方のほうが、適切です。2-7で述べた「書く」プロセスの指導も、(B)のような課題を出すほうがしやすいでしょう。

ここまで準備ができたら、いよいよ授業を始めます。
授業に入ってからのプロセスは、「2-7. 書くプロセス」で述べたとおりです。教師が立てた学習目標やそのための課題が、学習者の「計画のプロセス」につながるように、ただ作文課題を配るのではなく、学習者の頭の中に状況や設定が組み立てられるような説明をして始めましょう。

2．書いた後で

作文が提出されてから、教師が行うことは2つあります。1つは、フィードバックです。学習者がその作文を書き直して清書したり、次に作文を書くときに参考にして注意したりできるような方法や言い方で行います。もう1つは、その作文が最終的に提出された後に行う評価です。「評価」については、第4章でくわしく扱います。ここでは、「フィードバック」について考えてみましょう。

2-7の「(3) 推敲のプロセス」で述べたように、学習者にも、自己推敲や学習者同士のピア活動による文章の推敲を行わせます。そのようなプロセスを経て提出された作文について、教師からのフィードバックは、どのように行えばいいでしょうか。効果的なフィードバックとはどのようなことでしょうか。

考えましょう

【質問31】
①あなたが学習者に行っているフィードバックはどれですか。
②また、あなたが学習者なら、どのようなフィードバックをしてほしいですか。
　次のページの表に✓を入れてください。

フィードバックの方法	①	②
誤用をなおす。		
誤用やわかりにくい箇所に線を引く。		
コメントだけ書く。		
書き直して提出させる。		
学習者同士のフィードバックに任せ、教師は特にしない。		

　学習者が、どのようなフィードバックを望むかは、それまで受けてきた教育や性格など、いろいろな背景によって異なります。フィードバックは、学習者の「もっといい作文を書きたい」という気持ちを助け、書く力を伸ばすためのもので、フィードバックによって学習者が落ち込んだり、もう書きたくないという気持ちになったりすると、逆効果です。また、教師のフィードバックや評価が学習者の作文力に与える効果については、いろいろな研究がありますが、その多くで、「教師がたくさん添削することは、それだけではあまり効果がない。」という結果が出ています。学習者自身でもよく考えれば修正できそうなところは、印だけつけて、学習者に見直しをさせることも考えます。また、教師が添削したときは、できるだけ、書き直しをさせたほうがいいでしょう。もう一度書くことで、学んだことを次からも自分の力で使えるようになります。

【質問32】

あなたが書いた文章について、下のようなコメントをもらったら、どのコメントがいちばんうれしいですか。それはどうしてですか。

---

a) いい表現を知っていますね。　b) きちんとした文章ですね。
c) 正しく書けています。　　　　d) おもしろい考え方ですね。
e) わかりやすくなりました。　　f) 字がきれいですね。
g) いい情報が伝えられましたね。h) ポイントがよく整理されています。
i) 読みやすいですね。

【質問33】

次の表の右の欄に、【質問32】のa)〜i)のうち、それぞれ関係の深いものを選んで記入してください。

文字や表記	
表現や文型など	
書きことばのスタイル	
文と文のつながり	
段落、構成	
読み手	
内容	

　教師のフィードバックも、学習者本人や学習者同士で行った推敲と同じように、いろいろな面から行う必要があります。表現や文法などの形式的な部分だけでなく、書かれていることが「読み手」や「目的」に合っているかどうか、内容が興味深いものになっているかどうか、などを取り上げることが大切です。

　教師がそのようなフィードバックをするためには、「1. 書く前に」に書いたように、学習目標や課題の設定の立て方から一貫性が必要です。学習者の推敲でも教師のフィードバックでも、内容に関するものを取り上げるためには、①もともと教師が設定した学習目標が学習者に適したものであり、②「読み手」や「目的」がはっきり設定され、③学習者が書きたくなるタスクになっている必要があります。学習者へのフィードバックを行いながら、教師自身も指導をふり返ることが必要です。

　作文の添削や評価については、第4章でも詳しく述べます。その前に、ここでは、今まで述べてきたような、「書く前」の活動と「書いた後」の推敲やフィードバックを入れた、一連の活動例を見てみましょう。活動を大きく

・「書くこと」で「やりとり」ができるようになる活動
・「文章表現」のための活動

の2つに分けて紹介します。

(2) 「書くこと」で「やりとり」ができるようになる活動

　まず、特に特定の読み手を想定して「やりとり」をする活動を紹介します。「話すこと」と違って、書きながら、その場でやりとりすることは少ないですが、だれかに向かって書くことで、相手から何か反応を期待することができるような課題です。口頭ではできないときや不適切なとき、「書く」手段が使われます。

　「やりとり」を行う「書く」活動は、初級段階から行うことができます。「書く」前に、読み手や目的を確認し、学習者のレベルに応じてサンプルを見せます。たとえば、読み手が目上の人の場合、敬語を使うことになりますし、内容によって、よく使われる表現もありますから、学習者のレベルに合わせて、読み手や目的を設定することが必要です。サンプルの使い方は、学習者のレベルや経験によって、一部分を書き変えるだけで完成するようなものを使う方法と、かなりの部分を学習者の自由に任せる方法があります。学習者が自由に考える部分が多いときは、特に推敲のプロセスを大切にしましょう。

活動例⑤　　初級前半から行える活動（１）　伝言メモを書く

書く前に

1. 伝言メモの目的を確認する。
　　（例）　・ほかの人への電話を受けて、伝言を預かったときに書く。
　　　　　・相手を訪ねて、不在だったときに置いてくる。
　　　　　・自分が出かけている間に来る人へ置いておく。
2. 書く相手によって、表現や書き方が違うことを確認し、今回の活動の読み手を示す。
　　（例）　・目上の人（会社の上司、学校の先生など）
　　　　　・知人（会社の同僚など）
　　　　　・ホームステイの家族
　　　　　・友だち
3. 学習者のレベルに応じて、課題を説明する。
　　（例）　・サンプルを見せて説明する。
　　　　　・ポイントだけを示して表現や内容は考えさせる。
　　　　　・すべて学習者のアイディアに任せる。

<サンプル例>

```
山田様
1月25日　11時30分

西村様から電話が
ありました。
来週の会議のための
資料をFAXで送るので
見てください
とのことです。
　　　　　　　　　朴
```

```
ゆみさんへ

明日、友だちの車で
タウポ湖へ
遊びに行きます。
よかったら
いっしょに行きませんか？
夜、家に電話して！
　　　　　　　　　アン
```

書いた後で

1. 自己推敲を行う。
2. 教師からのフィードバックを行う。

活動例⑥　初級前半から行える活動（2）　お店やレストランへの意見・要望を書く

書く前に

1. 日本のスーパー、デパート、レストランなどに置かれている「お客様の意見」を書いたり貼ったりするコーナーについて紹介する。
2. サンプルを示しながら、書き方を説明する。
3. 学習者に身近な店やレストランを1つ例にして、どのような意見や要望を書きたいと思うか、出し合ってみる。
4. 3.で練習に使った場所以外のところを設定し、学習者1人1人で、そこに対する意見や要望を1つか2つ考える。

＜サンプル例＞

> お客様の意見
>
> もう少し遅くまで
> お店を開けてもらえませんか。
> 都内の会社から帰ってくると
> 間に合いません。
> 食品売り場だけでも
> お願いします。

> お客様の意見
>
> 買い物バックを持っていくと
> 数円、安くしてくれる店が増え
> てきました。このスーパーでも、
> ぜひこのようなサービスを行っ
> ていただきたいです。

書いた後で

1. 以下の点に注意しながらペアかグループで読み合って、必要なら書き直す。
   ・読み手に言いたいことが伝えられているか。
   ・読み手にふさわしい書き方をしているか。

考えましょう

【質問34】

活動例⑤の「伝言メモ」や活動例⑥の「お客様の意見」を書く活動を生かして、実際のやりとりに近い体験をさせるとしたら、前後にどのような活動を組み合わせることが考えられるでしょうか。

活動例⑦　初級前半から行える活動（3）　お礼のはがきを書く

書く前に

1. 書く相手によって、書き方が違うことを確認して、今回の活動の読み手を説明する。
   - （例）・目上の人（先生、知人など）に書く
   - ・友だちに書く
2. サンプルを示しながら、はじめのあいさつ、終わりのあいさつなどの表現を指導する。（できれば、たて書きで書かせてみましょう。）

<サンプル例>

> 山下様
> 毎日、雨が続いていますが、お元気ですか。
> 先日は、お忙しいところ、折り紙を教えに来てくださって、ありがとうございました。
> きれいでおもしろい折り紙をたくさん教えてくださったので、私たちは、すっかり折り紙に夢中になってしまいました。家に帰って、妹や弟にも折り紙を教えました。これからも、いろいろな折り紙に挑戦したいと思います。
> 山下さんに、とても感謝しています。ありがとうございました。お時間があったら、また教えに来てください。
> 　　　　　　　　　　アン

書いた後で

1. 住所や宛名の書き方も練習する。
2. できるだけ、宛名の相手に出させる。

考えましょう

【質問 35】
活動例⑦はお礼のはがきを取り上げましたが、みなさんの学習者には、ほかにどのようなはがきやカードなどを書く練習をさせることができますか。実際に出す相手を思い浮かべて、書かせることはできますか。

活動例⑧　初級後半から行える活動（1）
　　　　　相談したいことを書いたり、アドバイスを書いたりする

I. 相談を書く

書く前に

1. 日本の雑誌や新聞などに載っている「読者からの相談」のコーナーについて紹介する。
2. 学習者の年齢や関心、興味などに合った相談内容のサンプルを示しながら、書き方を説明する。
　読み手（相談相手）をクラスメートまたは同世代の日本人に設定する。

＜サンプル例＞

> 『○○新聞』2006年5月30日「悩み事相談」
> **長電話する先輩**
> 　わたしは同じ職場のBさんに困っています。Bさんはわたしの隣の席に座っていて、わたしよりも5年先輩です。Bさんはほとんど一日中電話をしています。電話の相手は仕事上の取引先やほかの部署の人なのですが、いつも話が長く、時には仕事とはあまり関係のない話までしています。とてもうるさくて、仕事に集中できません。Bさんは先輩ですし、私用の電話をしているわけではないので、どう言えばいいのか困っています。どうしたらいいでしょうか。（愛知県　A子）

書いた後で

1. 自分の推敲が終わったら、読み手（相談相手）以外のクラスメートの1人または教師に見せて、書きたいことが書けているかどうか確認してもらい、必要なら修正する。
2. 読み手（相談相手）に文章を渡す。

『すぐに使える「レアリア・生教材」アイデア帖』（スリーエーネットワーク）pp.139-142を利用して作成

II. アドバイスを書く

書く前に

1. 相談へのアドバイスの仕方のサンプルを示しながら、書き方を説明する。
2. 相談者からもらった文章を読んで、回答を考える。ペアやグループで回答を相談してもよい。

＜サンプル例＞

> **＜アドバイス＞**
> **上司に相談するのが一番**
> 　わたしも以前、長電話をする先輩に悩まされたことがありました。上司に相談してみたら、その上司がうまく話してくれて、結局あっさり解決しました。上司の力量にもよりますが、一度相談してみてはどうでしょうか。
> （群馬県　Ｃ子）
>
> **まず先輩と親しくなる**
> 　Ａ子さんは先輩のＢさんとどのぐらいの親しさなのでしょうか。信頼関係があって、誠意を持って話せばわかってもらえるはずです。でも信頼関係がないと、きっとこじれてしまうのではないでしょうか。一度お食事に

誘ってみてはどうですか。そして信頼関係をしっかり作ってから少しずつ話してみてはどうでしょうか。(東京都　Ｄ男)

遠慮しないではっきり言ったほうがよい

　Ａ子さんは少し遠慮しすぎではないでしょうか。きっとあなた以外にもまわりの人で困っている人はたくさんいるはずです。遠慮せずにはっきり言ってみてはどうですか。もしＢさんと関係が悪くなっても、きっとまわりの人は味方してくれるはずです。(埼玉県　匿名希望)

書いた後で

1. アドバイスを相談者に渡し、読んでもらう。

応用：
相談内容を教室などに貼っておき、複数の人が、そこに返事を書くような活動もできる。

『すぐに使える「レアリア・生教材」アイデア帖』(スリーエーネットワーク) pp.139-142 を利用して作成

考えましょう

【質問 36】

ここまで紹介してきた活動の「読み手」をふり返ってみましょう。活動例⑤〜⑧の読み手について、次の表を整理してください。

このような作文で、読み手によって、気をつけなければいけないことは、どのようなことですか。

	上の活動(のサンプルなど)で紹介した読み手	ほかに考えられる読み手
活動例⑤ 伝言メモを書く		
活動例⑥ お店やレストランへの意見・要望を書く		
活動例⑦ お礼のはがきを書く		
活動例⑧ 相談したいことを書く		

活動例⑨　初級後半から行える活動（２）　依頼のためのＥメールを書く

書く前に

1. 依頼のための文章は、読み手だけでなく、依頼内容の重大度によっても書き方やていねいさが違うことを確認し（下のような図を使ってもよい）、今回の読み手とテーマを説明する。

＜依頼の文章のいろいろな段階（円の中は留意点を表す）＞

(依頼内容の重大度)↑

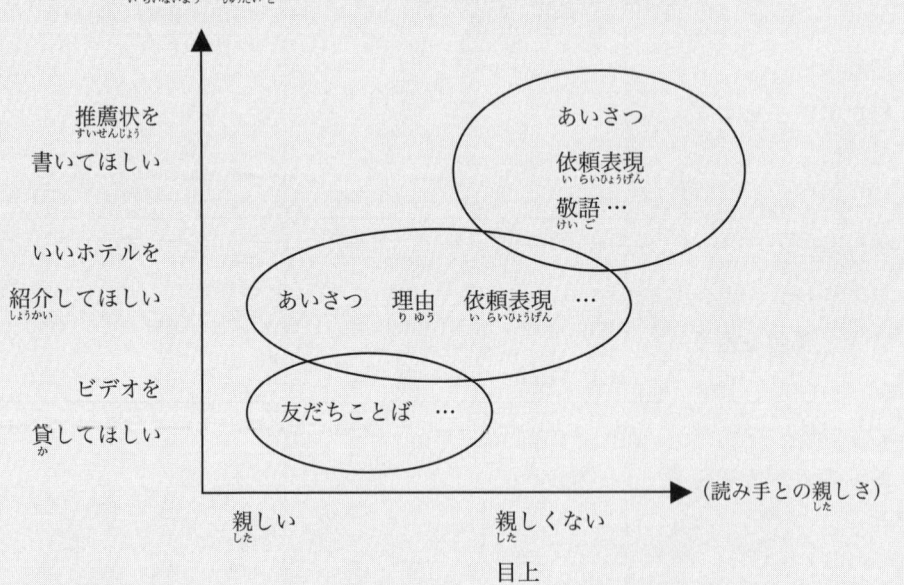

- 推薦状を書いてほしい　　　　（あいさつ／依頼表現／敬語…）
- いいホテルを紹介してほしい　（あいさつ　理由　依頼表現　…）
- ビデオを貸してほしい　　　　（友だちことば　…）

→(読み手との親しさ)
親しい　　親しくない　目上

2. 件名の書き方を確認する。（短くて具体的な内容が予測できる書き方）
3. 宛先、Cc. Bcc. の使い方を確認する。
4. サンプルを示しながら、Ｅメールの基本構成やよく使われる表現を説明する。

書いた後で

1. できれば、設定した読み手にメールを送る。
2. 学習者同士で行う場合は、返事を書かせる。

【質問 37】

活動例⑨は依頼のメールを取り上げましたが、みなさんの学習者には、ほかにどのようなメールを書く練習をさせることができますか。実際に出す相手を思い浮かべて、書かせることができますか。

＜参考＞　海外におけるコンピュータの日本語環境について

みなさんの学習者のコンピュータで、日本語を打つことはできますか。

最近は、海外で使われる英語OSなどのコンピュータでも、特別なソフトウェアを買わなくても日本語の文字を表示したり入力したりできるようになっています。けれども、入力には設定が必要な場合もあります。設定方法はインターネットで「英語版OS 日本語入力 設定」などのキーワードを入れて検索すると探すことができます。それを参考にして、自分の機関のコンピュータ管理者などといっしょに設定を変更しましょう。

ブログやSNS、ツイッター、インスタントメッセージなどのサービスは、多くは多言語対応ですが、サービスによっては日本語に対応していないものもあります。クラスで使う前に、環境の違う人といっしょに試してみたほうがいいでしょう。

ここまで紹介した活動例⑤～⑨は、読み手や目的を確認したら、サンプルをまねして書くことができる部分が多い活動です。

このような活動に慣れたら、次の活動例⑩のように、少しずつ、「やりとり」の中でも、書く内容に段落や構成が必要な課題を取り上げていきましょう。

活動例⑩　初級後半から行える活動（3）　手紙で、旅行や行事などの様子を伝える

書く前に

1. 書く相手によって、書き方が違うことを確認して、今回の活動の読み手を設定する。
   - （例）・目上の人（先生、知人など）に書く
   - ・友だちに書く
2. 書きたいことのポイントを整理する。
   第2章で示した思考マップや下のような三角形を使って書き出すこともできる。
3. 書き出しのあいさつや終わりの部分のサンプルを示す。

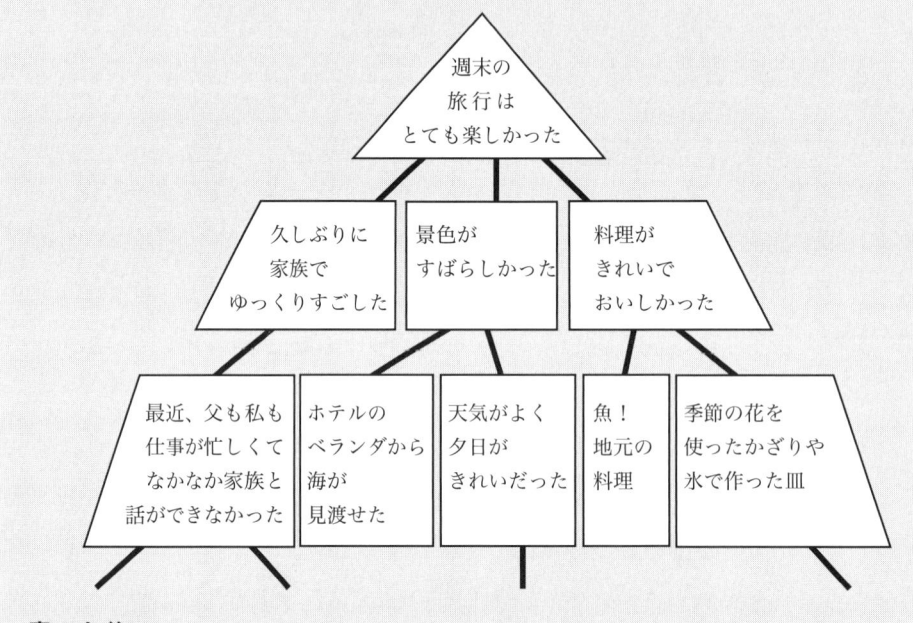

```
                週末の
                旅行は
             とても楽しかった

      久しぶりに    景色が      料理が
      家族で       すばらしかった  きれいで
      ゆっくりすごした            おいしかった

   最近、父も私も  ホテルの    天気がよく  魚！      季節の花を
   仕事が忙しくて  ベランダから  夕日が     地元の     使ったかざりや
   なかなか家族と  海が        きれいだった  料理       氷で作った皿
   話ができなかった 見渡せた
```

書いた後で

1. 読み手を意識しながら、自分で推敲させる。
2. できれば、住所や宛名の書き方も練習し、実際に出す。

　「やりとり」をする活動では、特に「読み手」をきちんと設定することが必要です。それによって、学習者にも「書くこと」が日常生活におけるコミュニケーションの手段の1つなのだということを確認させることができます。「読み手」によって、書き方や表現が変わってきますし、「2-6.読み手」で見たように、相手が何を知っ

ているかによって、何をどこから書き始めるか、何を伝える必要があるかなどを決めなければならないことがあります。

(3)「文章表現」のための活動

　「書く」活動は、実際には、構成を考える段階がもっとも難しく、学習者の抵抗感も強くなります。
　これから紹介するような文章を授業の中で取り上げる場合、現実的には、「読み手」は教師やクラスメートになることが多いかもしれません。けれども、日本語で文章を書く理由は、ただ日本語の練習が目的なのではなく、本来は日本語を使う人に読んでもらうためなのだということを、教師も学習者も忘れないように心がける必要があります。そのために、課題を設定するときも、「書く」ときも、添削や推敲をするときも、できるだけ、その視点を大切にします。また、機会があれば、身近にいる日本人に読んでもらったり、書いた原稿の発表を聞いてもらったりすることができたらいいでしょう。

活動例⑪　学習目標：自分の身近なものを紹介することができる

初級・中級
読み手：クラスメートまたは同世代の日本人
　　　　紹介するものを知らない人
文字数：600字程度
課題：自分の宝物・好きな物語・本・アニメ・ビデオなどを紹介する。

書く前に

1. 紹介するものについて準備をする。
　何のどのようなところを紹介するか、メモを作ったり、写真や実物の準備をしたりする。
　（授業で、短い物語を読んだり、ビデオを見たりして、それを紹介する活動にしてもよいが、クラスメートで紹介し合う場合は、クラス全員で同じものを読んだり見たりしないほうがよい。）

> 2. 自分が書きたいと思う点を、キュービングなどを利用して書き出す。
>   （母語でも可。）
>
> **書いた後で**
>
> 1. 紹介したものを知らない人が、紹介したものに興味を持つことができたかどうか確認する。（その宝物が見たくなったか、その店に行きたくなったか、その本が読みたくなったか、そのビデオが見たくなったか、など。）
>   どの紹介文がいちばん興味を持てたか投票したり、グループで読み合っていちばんいいと思う文章をクラス全体に紹介したりしてもよい。

　ここでは、「自分の身近なものを紹介することができる」という目標に対して、「クラスメート（または同世代の日本人）に、あなたが好きな○○を紹介しましょう。」という課題を立てました。同じ学習目標でも、学習者のレベルによって、課題で難度を上げることができます。たとえば、この学習目標に対して、「あなたに今まで特に影響を与えた本やビデオ、映画などから1つ取り上げて、知人にくわしく紹介しましょう。」というような課題を立てたら、もっと上級の学習者向けの活動にすることができます。このようにもっと難しいことばや文型、表現を使ったり、もっと書く前の準備に時間をかけて構成のある長い文章を書いたりすることができるように課題を設定します。次の活動例⑫についても、みなさんの学習者に合うように課題を設定し直して使ってください。

活動例⑫　学習目標：順番や流れのある内容を説明することができる

> 初級・中級
> 読み手：クラスメートまたは日本人
> 文字数：400～600字程度
> 課題：自分の得意な料理の作り方をクラスメートに教えたり、自国の料理の作り方を日本人に紹介したりする。

書く前に

1. 学習者が1人ずつ、自国の料理の中から1つ、紹介したい料理を決める。できるだけ、説明する相手が手順をあまりよく知らない料理を選ぶ。
2. できれば、作っているところの写真やビデオを撮っておく。
3. 順番を表すことばについて説明したり、【質問13】の練習(C)（p.18）のような練習をしたりする。
4. 作り方の流れを、次のように整理させる。

(例：「カレーの作り方」流れ図)

①まず、大きい流れを考えて書く。

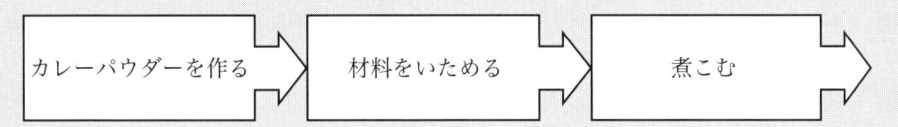

カレーパウダーを作る → 材料をいためる → 煮こむ

②それぞれについて、もう少し、細かい流れを考えて書く。必要なら、この作業をくり返す。

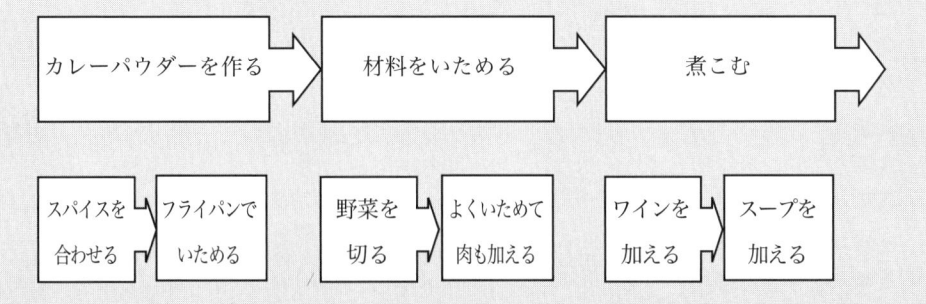

カレーパウダーを作る → 材料をいためる → 煮こむ

スパイスを合わせる → フライパンでいためる　　野菜を切る → よくいためて肉も加える　　ワインを加える → スープを加える

書いた後で

1. ペアやグループの人たちに見てもらって、料理や作り方のイメージができるかどうか、確認してもらう。足りないところがあったら加える。

『考える・まとめる・表現する』（NTT出版）p.43, p.202 を利用して作成

【質問38】
前のページの活動例⑫の課題の「読み手」を日本に住んでいる日本人に設定した場合、書くときに、どのような点に注意しなければならないでしょうか。

活動例⑬　学習目標：自分がよく知っていることについて、少しくわしく説明することができる

初級・中級

読み手：日本人の小学生や中学生

文字数：800字程度

課題：自国の子どもたちの遊びのルールや手順を、その遊びを知らない人がわかるように伝える。

書く前に

＊紹介するものによっては複雑で難しい取り組みになるので、ペアで行うと補い合うことができる。
1. 紹介したいゲームやものを決める。
2. 日本人の小学生を読み手に設定する場合は、日本人の子ども向けの説明文の例（次のページの図）などを見ておく。
3. （学習者のレベルによって）教師がある程度、書き方を示しておく。流れを箇条書きにしたり、ルールや注意点を書いたりする欄を作ったりしておくとよい。
4. 思考マップや活動例⑫の流れ図などを使って、書きたいことを整理し、できれば、写真などを撮っておく。

書いた後で

1. 一度、クラスメートに読んでもらい、わかりやすいかどうか、直したり加えたりしたほうがいいことがあるか、コメントをもらい、必要なら修正する。

2. ポスターで発表資料を作ったり、ブログなどで発表する。

(例)

「こおりおに」の説明

「こおりおに」は、「おにごっこ」の1つです。
「おにごっこ」は、「おに」になった人が、ほかの人を追いかけたり探したりする遊びです。広い場所でやったほうがいいです。
「こおりおに」は、次のように遊びます。

1. はじめに、「おに」をじゃんけんで1人か2人決めます。
2. その「おに」がタッチした人は、「こおり」になって止まります。
   その人に「おに」でない人がタッチしたら、また動けます。
3. 「おに」が全部の人をこおりにしたら、終わります。
4. また、次の「おに」をじゃんけんで決めます。
   前に「おに」になった人は、じゃんけんしなくてもいいです。

じゃんけんの説明

グー　パー　チョキ

1. 「じゃんけんポン」と言いながらじゃんけんの手を出します。
2. 「グー」に勝つのは「パー」です。

活動例⑭　学習目標：日常的な事がらについて、事実をまとめ、自分の意見を示すことができる

初級・中級

読み手：クラスメート、または自分の地域に新しく来た日本人

文字数：400字程度

課題：自分がよく知っている店、料理、地域など2つ～3つのものについて、その特徴や利点の共通点と相違点を整理する。
そして、その中から1つを選び、自分がすすめる根拠を記述する。

書く前に

1. あるテーマについて学習者がよく知っているものから、ほかの人にすすめたいと思うものを含めて2つ～3つを選ぶ。
2. その2つ～3つを比べて、次のようなマップで、同じところと違うところを整理させる。
3. 自分がすすめたいものが、ほかのものに比べて、いい点を選び出す。
4. 2.と3.を使って書く内容を考える。

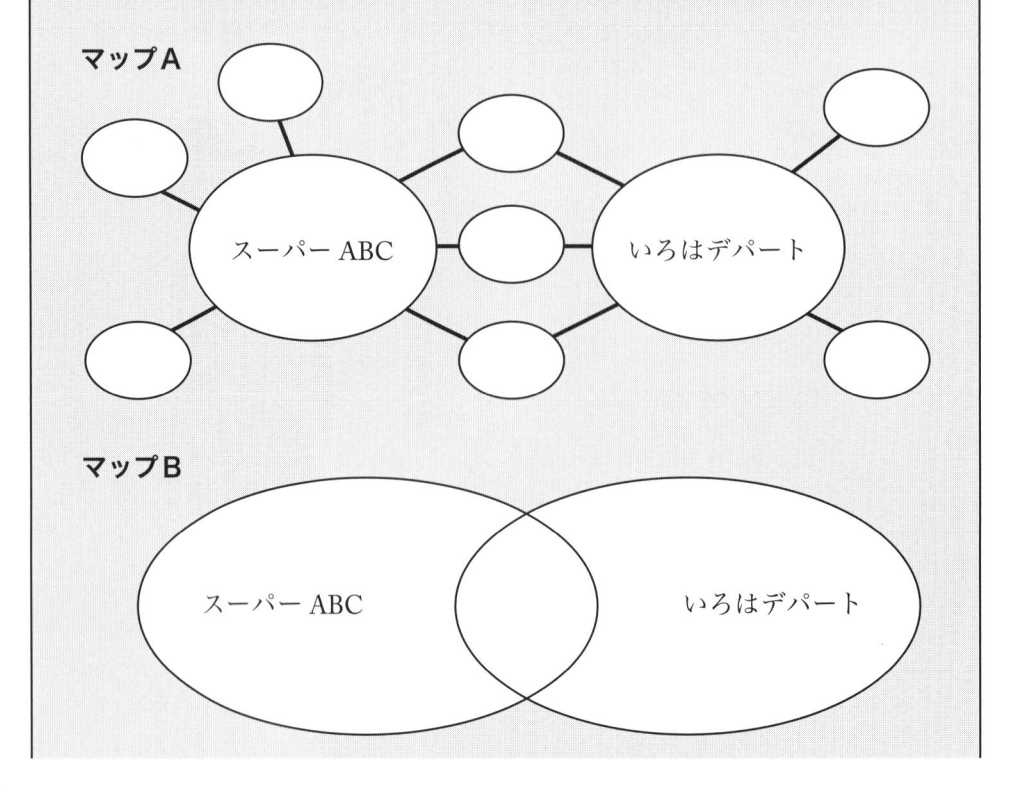

マップA

スーパーABC　　いろはデパート

マップB

スーパーABC　　いろはデパート

書いた後で

1. クラスメートとペアになって、お互いの作文を読み、コメントをし合う。
   下のようなチェックリストを使ってもよい。

下のチェックリストを使って、友だちの作品を読んでみましょう

☐ 友だちがすすめたい店がはっきりわかりますか。
☐ すすめたい理由が書かれていますか。
☐ 友だちの主張がよく理解できますか。
☐ 「……」や「……」のような文型（表現）が使われていますか。

☆「ここがいいな」「上手だな」と思ったこと

☆「こうしたら、もっといい文章になるかもしれない」と
　思ったこと

活動例⑮　学習目標：いろいろなところから集めた情報を整理して報告し、自分の意見を示すことができる

初級・中級・上級

読み手：日本人

文字数：1人800字程度

課題：自分の町や自国の観光地について情報を集めて整理する。
　　　その中から、"おすすめの場所"を決め、すすめる理由を説明しながら、報告する。
　　　写真や雑誌の切り抜きなども使いながら、簡単なパンフレットを作る。

<u>書く前に</u>

1. 思考マップを使って、自分の町や自国の観光地について、紹介したい理由（いいと思う点）を、具体的にあげていく。
2. 教師やクラスメートにマップを見せ、どういうことか、具体的にわからないところを指摘してもらって、さらにマップを書き足す。
3. 理由の中から3つぐらいを選んで、次のようなアウトラインを作らせる。

アウトライン

紹介したいところ：

　　理由1（「……がいい」「……がすてきだ」など）
　　　理由1の説明（具体例、影響や効果など）

　　理由2（「……がいい」「……がすてきだ」など）
　　　理由2の説明（具体例、影響や効果など）

　　理由3（「……がいい」「……がすてきだ」など）
　　　理由3の説明（具体例、影響や効果など）

　　結論

書いた後で

1. イベントなどの機会に日本人に読んでもらい、コメントをもらえるとよい。パンフレットのほかに、ポスターなどを作ってもよい。

考えましょう

【質問39】
活動例⑪～⑮では、計画のプロセスで、どのような方法を使っていますか。下の表に整理してください。

活動例	計画のプロセスで使っている方法（例）
⑪	キュービング
⑫	
⑬	
⑭	
⑮	

　ここまで、「書く」活動を中心にした授業例を紹介してきました。けれども、実際の授業では、「書く」活動をほかの技能の活動と組み合わせることもできるでしょう。アイディアを出す助けにするために、ほかの人が書いた文章を読んだり、聞いたりする時間を作ることができます。また、アイディアの整理のために、グループで話し合うこともできます。逆に、書いたものについて、お互いに読み合い、ディスカッションすることもできるでしょう。

　技能を相互に伸ばすという点でも、「書く」力と「読む」力や「聞く」力には深い関係があります。たとえば、「全体の概要をとらえる」力や「要点をつかむ」力、「主張と意見、一般的なこと、具体例を分けてとらえる」力などは、読んだり聞いたりする活動でも、段落や構成を考えて書く活動でも養うことができます。また、「話すこと」についても、比較的長い談話やスピーチの展開は、「書くこと」と同じ構成で考えることができるでしょう。いろいろな技能を使った活動を組み合わせる

ことで、別の技能の力も育てることができます。
　複数の技能を組み合わせた活動は、本シリーズのほかの巻でもいろいろ取り上げられています。ここでは、例として、1つの活動を紹介しておきます。

活動例⑯　学習目標：自分の意見を根拠を示して述べることができる

中級・上級

読み手：日本人、クラスメート

文体・文字数：普通体・800～1600字程度

課題：意見を出し合ったり議論したりできるようなテーマで、自分の意見を明確に書く。

テーマ例：

- ・学校に携帯電話を持って行っていいか
- ・朝食はしっかり食べたほうがいいか
- ・家事は夫婦で同じようにするべきか

書く前に

1. テーマに関する文章を読んで、書かれている内容を読み取る。または、関連するビデオを見て、内容を理解する。
2. いろいろな意見を知るために、1.で読んだり聞いたりしたものとは異なる意見の資料やデータを見る。
3. グループで意見を出し合う。（1つに決めるためではなく、どのような観点で考えることができるか出し合う。）
4. 1人ずつ、自分の立場をできるだけはっきり決め、思考マップで書きたいこと（自分の意見とその根拠、具体例など）を整理する。

書いた後で

1. スピーチを行ったり、作文を読み合ったりする。
2. 時間に応じて、ディスカッションやディベートを行う。

MEMO

4 「書くこと」の評価

ここでは、「書くこと」の評価について考えます。

ふり返りましょう

【質問 40】
みなさんは、学習者が書いた毎回の作文を、どのようにしていますか。

```
例）・書かせた作文をいつも添削して返す。
    ・学生が書いた作文について話す。
    ・クラスの人数が多くていちいち添削はできない。
    ・
    ・
    ・
```

まず、教師がよく行う作文の添削を取り上げて考えてみましょう。みなさんは、学習者の作文をどのように添削していますか。4-1 では、添削の観点について考えます。

4-1. 作文の添削

考えましょう

【質問 41】
次のページの作文は、シンガポールの初級後半から中級前半の日本語学習者が書いたものです。この作文について、今までみなさんがやってきたような「添削」をしてみてください。「コメント」があれば書き込んでもいいです。

ムーンケーキ・フェスティバル

　これは中国人が陰暦の八月十五日に祝う祭だ。シンガポールでも祝うが中国、台湾と香港より規模が小さい。今歴史を除いて、今日僕の国でどうやって祝うか紹介する。

　残念ですが、この祭は我が国に祝日にならなかった。その日でとうろうを持って歩き回る習慣だ。もちろん子ども達だよ。大人なら、たぶん両親と子どもと共にする。いくつかの公園やアパートの下で見られる。ときどきいろんな所で小さな行事が行われて家族それぞれ集まる。昔のとうろうは完全に紙で作られて、ろうそくが入っていた。可燃物ばかりで、燃えやすかった。今普及なのはいろんな形の半透明なプラスチックで、電球が入っているものです。

　もう一つはムーンケーキ、つまり月餅を食べることだ。たまに親戚と月餅を交代する。現代の月餅は変化していく。形、味、中味もそうだ。たとえば伝統的に中味として使われた小豆のペーストはブルーベリーやドリアンなどのペーストがはじめて採用された。この新しい傾向はいいか構わず、歓迎するのだ。(415字)

「日本語学習者による日本語作文と，その母語訳との対訳データベース」オンライン版より*。

*この作文は、国立国語研究所日本語教育基盤情報センター（2010年現在は「日本語教育研究・情報センター」に改組）が作成した「日本語学習者による日本語作文と、その母語訳との対訳データベース」から引用しました。

【質問42】

【質問41】で行った添削やコメントは、次の①～⑥のうち、どの種類ですか。それぞれの添削やコメントに、①～⑥の番号をつけてください。

　①漢字やかなの訂正／句読点・表記の訂正
　②語彙や表現、文型、助詞などの訂正
　③ていねい体・普通体の訂正
　④文と文のつながり・段落のまとまり／段落と段落のつながり／接続関係の訂正
　⑤内容についての指摘（例：書いた目的／主題と関連する情報／おもしろさなど）
　⑥読み手への配慮

みなさんが行った添削やコメントは、どの種類が多かったでしょうか。少なかったものやなかったものはどれでしたか。

【質問43】

【質問41】で添削したところや、【質問42】で行った分類の結果について、できれば、まわりの教師たちと話し合ってみましょう。同じところ、違うところはどのようなところですか。添削をしながら、難しいと思ったことはありますか。

一般的には、たとえば、勉強した文字や表記、表現、文型が正しく使えているか、文がねじれていないか、文と文がうまくつながっているか、などを添削することが多いかもしれません。けれども、そのようなものだけをたくさん直しても、学習者が学べることは、やはり、文字や表記、表現、文型、文にとどまってしまいます。そして、学習者によっては、たくさん直された自分の作文を見て、自信を失ってしまうこともあるかもしれません。

教師も、そのような添削をどれくらいすればいいのか、迷うことが少なくありません。また、ときどき、どの程度まで直せば日本語らしい表現なのか、適切な表現なのかの判断が難しい場合もあることでしょう。そのようなときは、その作文が、どのような条件や目的で書かせた文章なのかという点から考えることが有効です。

【質問44】

【質問41】で直した作文が、次のような読み手を想定して書かせた作文だったと考えてみてください。読み手を考えて、もう一度添削やコメントを加えるとしたら、あなたはどのような点を指摘しますか。読む相手にとって、もっと必要な情報や表現形式はないか、という点から考えましょう。

①シンガポールに来たばかりの日本人の留学生のために、シンガポールの中国人の行事について紹介する。（400字程度）

②シンガポールにいる中国人の行事に興味を持っている日本人観光客のために、観光客向けのパンフレットに載せる簡単な紹介文を書く。（400字程度）

学習者が書いた文章に対する教師の添削やコメントは、どのような観点から与えるかによって変わります。ことばや表現、文型や文法の練習として作文を書かせる場合もありますが、現実のコミュニケーションとしての「書く」活動に近づけるためには、第3章まで見てきたように、学習者に目的や読み手を考えながら書く経験をさせることが重要です。そのために、教師は、作文を書かせる前に、作文の目的や読み手を学習者にはっきり示す必要があります。そして、書かせるときの指導だけでなく、添削でも、それに合わせて同じ観点で行うことで、何のために「書く」活動を行ったのかが明確になります。

4-2.「書くこと」の評価を考える

　具体的な場面での読み手を想定して作文の指導を行った後、学習者が学んだことを生かして、実際に書く能力全体を伸ばすことができたかどうかを見るためには、どのようにすればいいでしょうか。「書くこと」の運用能力（パフォーマンス：performance）を測るために、教師がどのような準備をすればいいかについて考えましょう。

　まず、教師が一定の評価基準を準備し、その達成度を測る「パフォーマンス評価」について考えます。次に、「書くこと」に取り組む姿勢や書くときに必要なスキルを含めて、書く能力全体をより広くとらえる「ポートフォリオ評価」について考えます。

(1) 作文課題によるパフォーマンス評価

ふり返りましょう

【質問45】
みなさんは、学習者に書かせた作文を評価するときに、何を基準にしていますか（または、しますか）。

> （例）学校や大学にすでにある評価の基準で行っている。
> ・
> ・
> ・

　学習者が書いた作文から学習者の書く能力を測るためには、まず、教師が毎回出す作文課題で、その目標をはっきり示しておく必要があります。第3章の【質問30】（p.49）でも考えたように、作文課題を作成するときに、書く目的や読み手、作文の種類や条件（難易度など）を明示しておきます。そして、その作文課題に示す目標は、それまで指導した内容とつながるように注意しなければなりません。試験のために準備する作文課題でも同じです。

　ここでは、このような観点を考慮して学習者の書いた作文を評価するための手順について考えます。

1．作文課題の目標を確認する

考えましょう

【質問46】

次のAとBは、初級後半～中級前半の学習者のために作成した課題です。指示文Aと、指示文Bは、それぞれ何を測るためのものだと思いますか。

> A：夏休みの過ごし方について日本語で書きなさい。

> B：こんどの夏休みに姉妹校から日本人の学生があなたの町に来ます。あなたの町に来るのははじめてだそうです。あなたの経験（旅行や遊びなど）を紹介して、「わたしの町での魅力的な夏休みの過ごし方」を提案してください。姉妹校の学生に提案する文を400〜600字程度にまとめて、実際に送ってください。

毎回の作文課題を作成する際には、何を測るためのものなのかをはっきり示すことが重要です。

指示文Aに従って書こうとすると、学習者は、それぞれ別々の読み手や目的を想定して書くかもしれません。学習者が自由に決めてもいい部分が多くなると、同じ能力を持った学習者であっても、異なったレベルの作文が出される可能性が高くなります。そのため、作文課題の評価としての信頼性は低くなってしまいます。本当は書けたかもしれないのに、何を測るための作文かわからないので、測ろうとしている要素について学習者が注意しない可能性が高くなるからです。

Bの作文課題でも、もし、授業で教えた表現などを使えるかどうかについても評価したい場合は、課題の中に、さらに、そのことを書きます。たとえば、「授業で学んだ『つながりのある文章を書くための表現』を使って、書いてください。」などという文を加えると、教師が、指定した表現や文型が正しく使えたかどうかを測ろうとしていることが、学習者にもはっきり伝わります。

文型や表現の適切な使い方ができているかどうかを測るためにも、読み手や文章の目的と照らし合わせる必要があります。それを指定しておかないと測るべき力を測ることはできません。

このように、何を測ろうとしている課題なのかを事前にはっきり示すことは、評価の妥当性を高める上でとても重要です。

2．評価基準を作る

また、このような作文の評価（パフォーマンス評価）では、評価基準をあらかじめ準備することが必要です。評価基準では、1）学習者が作文で何を達成すればよいか（評価の項目）、2）どの程度達成すればよいか（達成度（レベル））の両方を示します。

1）評価の項目

考えましょう

【質問47】

【質問46】の作文課題Bについて、学習者が書いた作文の評価項目を考えましょう。たとえば、下の①～⑤のポイントは、＜評価の項目＞（a）～（i）のどれに近いですか。それぞれ、どのような点を評価していることになるでしょうか。

① その町のことを知らない日本人学生に必要な情報が書かれているか。
② なぜ魅力的な夏休みの過ごし方なのか、理由や説明が書いてあるか。
③ 1つ1つの情報がつながるように並べ、結びつけて書いているかどうか。
④ すでに学習した「～なら、～がいいです（おすすめです）」「～たほうがいいです」という文型や、旅行や遊びに関する語彙を、まちがいなく使っているか。
⑤ 漢字やかなをバランスよく使って、書きことばの文体がそろっているか。

＜評価の項目＞

（a）内容	（b）構成／内容のつながり	（c）読み手への配慮
（d）文法の正確さ	（e）語彙の使い方	（f）文字や表記
（g）書きことばの文体	（h）書き直しの努力	
（i）ほかの人の作文から学ぶ姿勢		

評価項目の1つの作り方は、このように評価の観点を分ける方法です。これを「分析的評価」といいます。この「分析的評価」は、

　　①学習者の学習段階に応じて、評価項目ごとに基準を変えることができる
　　②評価したい観点がはっきり示されるため、複数の教師（評価者）が評価する際にも、評価の差がつきにくい
　　③学習者も、項目別に学習の目標を立てやすい

という点で、利点があると考えられています。前のページに示した＜評価の項目＞は、読み手や目的が明確な課題を出した上で、その作文を評価するためのポイントです。この観点で、実際に評価を行うためには、時間をかけて、評価基準を具体的に作成する必要があります。たとえば、【質問47】にあげた①～⑤のポイントが、＜評価の項目＞を具体的に書いた説明の例です。このように、分析的評価を行う際には、評価項目を実際の作文課題に結びつけて、どのようなポイントを測るのか考え、その内容を具体的に記述する必要があります。
　分析的評価のほかには、「総合的評価」という方法もあります。「総合的評価」の特徴は、観点を分けて分析しないで、全体で1つの点数を出すところです。項目別に分かれていないので、欠点と思われるポイントを指摘するような評価はできません。また、作文の全体的な印象から点数をつける場合が多く、主観的になりがちなところがあります。

2）達成度

　評価の項目が決まり、それをどのように具体的に評価するかを決めたら、次に、それぞれの評価項目をどの程度達成すればよいかについて考えましょう。

考えましょう

　【質問47】にあげた評価項目のうち、作文の内容に関するもの（「内容」・「読み手への配慮」）と日本語に関するもの（「文法」「語彙」「表記」「文体」）について、その達成度を、大きく4つの段階に分けて評価の基準を作ってみましょう。

目標以上を達成	目標を達成	もう少しで目標を達成	努力が必要
4	3	2	1

ここでは、主に達成してほしいレベルを、表の右から3列目（目標を達成）に記述します。また、コースで目標となっていることよりもっと上のレベルに挑戦したいという気持ちを学習者に持ってもらうために、「目標以上を達成」というレベル（レベル4）を作りました。

【質問48】

次の(A)〜(D)の表現は、作文の内容に関する評価項目（「内容」・「読み手への配慮」）をばらばらに並べたものです。それぞれの表現をよく読んで、1（努力が必要）〜4（目標以上を達成）までのレベルに並べてみましょう。

(A) この町のことを知らない人にもわかるように、夏休みの過ごし方について、同年代の日本人学生が興味を持ちそうな情報を選んでくわしく書かれている。

(B) この町の夏については書かれているが、何を伝えたいか漠然としていてわかりにくい。

(C) この町のことを知らない人にもわかるように、夏休みの過ごし方について、自分の経験などを入れて、くわしく書かれている。

(D) この町での夏休みについては書いてあるが、この町を知らない人にはわからない部分がある。

＜課題B「内容」の評価基準＞

達成度 評価項目	目標以上を達成 4	目標を達成 3	もう少しで目標を達成 2	努力が必要 1
内容・ 読み手への 配慮	(　　　)	(　　　)	(　　　)	(　　　)

【質問49】

下の(A)～(D)の表現は、作文の日本語に関する評価項目（「語彙」・「文法」・「表記」・「文体」など）をばらばらに並べたものです。【質問48】と同じように、それぞれの表現をよく読んで、1（努力が必要）～4（目標以上を達成）までのレベルに並べてみましょう。

(A) 夏休みの過ごし方に関連する語彙や表現、文法を広く、正確に使って、はっきりとした提案が書かれている。文体や表記にも誤解されるようなまちがいはない。

(B) 授業で習った夏休みに関する語彙や表現、文法を使っているが、まちがいが多くてわかりにくい部分がある。文体や表記の誤りが少々ある。

(C) 授業で習った夏休みに関する語彙や表現、文法を正確に使って書かれている。文体、句読点や表記に大きなまちがいはないためわかりやすい。

(D) 内容に必要な表現は使えずに、関係のない語彙や表現をばらばらに使っているだけ。文体や表記にまちがいが多く、文を理解するのが難しい。

<課題B「日本語」の評価基準>

達成度 評価項目	目標以上を達成 4	目標を達成 3	もう少しで目標を達成 2	努力が必要 1
語彙・文法・表記など	(　　)	(　　)	(　　)	(　　)

このように、書いた作文を評価するために、1)で述べた評価項目と2)で説明した達成度を組み合わせて評価基準を準備することができます。

さらに、毎回の作文課題に限った基準だけでなく、同じような意見文や説明文を全般的に評価する評価基準を作ることもできます。

【質問50】

【質問48】と【質問49】で考えた評価基準の例を元にして、＜内容＞と＜日本語＞それぞれの表現をより一般的な表現にすると、どのようになると思いますか。表の下にある(A)～(D)から、選んでください。

＜「内容」の評価基準＞

達成度 評価項目	目標以上を 達成 4	目標を達成 3	もう少しで 目標を達成 2	努力が必要 1
課題B 「内容・ 読み手への 配慮」より	この町のことを知らない人にもわかるように、夏休みの過ごし方について、同年代の日本人学生が興味を持ちそうな情報を選んでくわしく書かれている。	この町のことを知らない人にもわかるように、夏休みの過ごし方について、自分の経験などを入れて、くわしく書かれている。	この町での夏休みについては書いてあるが、この町を知らない人にはわからない部分がある。	この町の夏については書かれているが、何を伝えたいか漠然としていてわかりにくい。
内容・ 読み手への 配慮	(　　)	(　　)	(　　)	(　　)

(A) 伝えたい（主張したい）ことに必要な情報について、具体的な説明をくわしく書いている。

(B) 伝えたい（主張したい）ことに必要な情報について、正確、かつくわしい説明を書いている。読み手の興味を引くような工夫をしている。

(C) 伝えたい（主張したい）ことを漠然と理解することはできるが、説明が不足していて、全体的に何を伝えたいのかわかりにくい。

(D) 伝えたい（主張したい）ことがだいたい理解できる。十分理解するためには、確認しないとわからない点がある。

<「日本語」の評価基準>

達成度 評価項目	目標以上を達成 4	目標を達成 3	もう少しで目標を達成 2	努力が必要 1
課題B 「語彙・文法・表記など」より	夏休みの過ごし方に関連する語彙や表現、文法を広く、正確に使って、はっきりとした提案が書かれている。文体や表記にも誤解されるようなまちがいはない。	授業で習った夏休みに関する語彙や表現、文法を正確に使って書かれている。文体、句読点や表記に大きなまちがいはないためわかりやすい。	授業で習った夏休みに関する語彙や表現、文法を使っているがまちがいが多くてわかりにくい部分がある。文体や表記の誤りが少々ある。	内容に必要な表現は使えずに、関係のない語彙や表現をばらばらに使っているだけ。文体や表記にまちがいが多く、文を理解するのが難しい。
語彙・文法・表記など	(　　)	(　　)	(　　)	(　　)

(A) 不適切な語句・表現や文法的な誤りがやや多いため、文を理解しにくい。文体や表記の誤りも目立つ。

(B) トピックに関連した語句・表現・構文を正確に使っている。また、文体や表記などに書きことばとしての適切さがある。

(C) トピックに関連した適切な語彙や表現、複雑な構文を使って、自分の考えを示し、明瞭に説明している。誤解につながるような文法上の誤りもない。

(D) 部分的に語彙が不適切だったり、文法的な誤りもあるが、文の理解に影響を与えるほどではない。

このような全般的な評価基準（評価の項目と達成度）をコースの最初に示すと、教師は、学習者に「書くこと」の学習目標をより明確に伝えることができます。学習者は、コースや授業で「何を」「どこまで」できるようになることが求められているか、そしてどのような方向に進んだらいいか、を理解しやすくなります。また、評価の際にも、教師が一貫した観点を持って評価を行いやすくなります。

　ここで、ある日本語のコースで、「書くこと」の学習目標をもとに作成した、日本語の意見文を評価するための評価基準の例を紹介しておきましょう。このコースでは、「書くこと」の学習目標を、CEFR（『外国語の学習、教授、評価のためのヨーロッパ参照枠』）の言語能力基準を使って、そのB1（自立した言語使用者）の記述文を参考に立てました。CEFRの言語能力基準については、解答・解説編の最後に載せた参考資料を参照してください。

　この評価基準は、教師が学習者と共有するために、「内容」「構成」「読み手への配慮」「語彙・文法・表記など」の4つの評価項目で作られています。「読み手への配慮」は、【質問46】でも見たように、ほかの項目、特に、「内容」と深く関わる評価項目ですが、あえて独立させています。これは、学習者に、あらためて書く目的（内容）と読み手を意識させるためです。

＜日本語の意見文・説明文のための評価基準の例＞

達成度 評価項目	目標以上を達成 4	目標を達成 3	もう少しで目標を達成 2	努力が必要 1
内容	伝えたい（主張したい）ことに必要な情報について、正確、かつくわしい説明を書いている。	伝えたい（主張したい）ことに必要な情報について、具体的な説明をある程度くわしく書いている。	伝えたい（主張したい）ことがだいたい理解できる。十分理解するためには、確認しないとわからない点がある。	伝えたい（主張したい）ことを漠然と理解することはできるが、説明が不足していて、全体的に何を伝えたいのかわかりにくい。
構成	主張したい論点を補強するためにくわしい情報や具体例、理由などを書き、わかりやすく描写している。	文を続けていくつも書いている。段落を使って簡単な筋や描写を書いているため、構成がわかりやすく読みやすい。	文と文の関係が部分的にわかりにくい部分もあるが、大きな流れをつかむことはできる。	文や単語をばらばらに書いている。文章としての構成がない。
読み手への配慮	読み手にとって必要な情報や説明をくわしく書いている。また、読み手の興味を引くような工夫をしている。	読み手にとって必要な情報や説明を書いている。そのため、伝えたいメッセージをほぼ的確に伝えている。	読み手にとって必要な情報や説明が不足しているため、伝えたいメッセージが伝わらない部分がある。	情報を断片的に書いているため、何を伝えようとしているかわかりにくい。
語彙・文法・表記など	トピックに関連した適切な語彙や表現、複雑な構文を使って、自分の考えを示し、明瞭に説明している。誤解につながるような文法上の誤りもない。	トピックに関連した語句・表現・構文を正確に使っている。また、文体や表記などに書きことばとしての適切さがある。	部分的に語彙が不適切だったり、文法的な誤りもあるが、文の理解に影響を与えるほどではない。	不適切な語句・表現や文法的な誤りがやや多いため、文を理解しにくいことがある。

ここまで考えてきた4段階の評価基準は、項目別に点数化することも可能です。評価の項目を分けておくことで、どの項目にもっと力を入れるとよいか学習者にアドバイスしたり、逆に、学習者の達成度に応じて、評点の重みを調整したりすることができます。

　そして、評価基準を準備することによって、学習者の学習の進み具合を把握しやすくなるので、教師は評価の結果をもとに授業の内容を見直すこともできます。

　さらに、この評価基準をもとに、次のような「作文評価シート」を作ることもできます。この作文評価シートは、学習者が自分の作文を自己評価したり、仲間同士で読み合ったり、教師が添削やコメントを書くときに活用できるように作ったものです。具体的な授業での使い方については、「(2) 2. ポートフォリオ評価を、いつ、だれが、どのように行うか」（pp.96-99）で説明します。

<作文評価シートの例>

(2) 作文学習のためのポートフォリオ評価

本書では、作文活動を、読み手を想定したコミュニケーション活動として考えてきました。ここでは、書き終わった作文だけでなく、「書くこと」に取り組む姿勢や書くときに必要なスキルを含めて、書く力をより広くとらえて行う「ポートフォリオ評価」について、最後に考えておきましょう。

ふり返りましょう

【質問51】
【質問47】(p.82)にあげた(a)〜(i)のうち、(h)書き直しの努力や、(i)ほかの人の作文から学ぶ姿勢などは、どのように評価すればいいと思いますか。

「ポートフォリオ」とは、ある人の仕事や、その人がやってきた活動を体系的に収集したものです。たとえば、建築家や写真家のような人々が自分の技術や技能、これまでの成果や作品など、その人の成長の記録や能力を示すために、それまでの作品のサンプルを集めたファイルのようなものです。

このような考え方を教育に応用しようとしたのが、「ポートフォリオ評価」です。教育の場面でのポートフォリオとは、学習に関するさまざまな情報、つまり、学習経過の記録や内省、学習成果の証拠物などを保存しておくものです。

作文学習のためのポートフォリオ評価では、
① 「作文能力の伸びを示す証拠となるものを集める」
② 「学習者が自分で学習の成果がわかるものを選ぶ」
③ 「学習者が自分の書く学習の過程をふり返る(学習の成果や書くプロセスについて考えたことを書いたもの(自己評価)などを含む)」
という3つの点が重要であると考えられています。

1．ポートフォリオに何を入れるか

考えましょう

【質問52】
日本語の作文学習のためのポートフォリオには、どのようなものを入れればいいでしょうか。書き出してみましょう。

（例）学習者が書いた作文、グループで作ったポスター
・
・

日本語学習のためのポートフォリオを構成する要素として、国際交流基金の「JF日本語教育スタンダード」では、大きく、①「評価表」、②「言語的・文化的体験の記録」、③「学習の成果」、の3つをあげています。それぞれを簡単に説明すると、次のとおりです。

②言語的・文化的体験の記録
学習者が自分の言語的・文化的体験などを記録する。（例：学習のふり返りシートなど）

①評価表
教師が作成した評価基準をもとに、学習者が日本語の熟達度を自己評価する。（例：自己評価チェックリスト、学習活動の評価基準や評価シート、成績表や修了証明書など）

③学習の成果
学習者がコースの目標や自己目標にそって学習の成果を集める。（例：作文、スピーチなどの音声資料、テスト、プロジェクトの成果など）

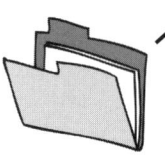

国際交流基金「JF日本語教育スタンダード」より

これを、作文学習のためのポートフォリオとして考えてみると、その内容は、たとえば次のようになります。

<作文学習のためのポートフォリオの内容例>

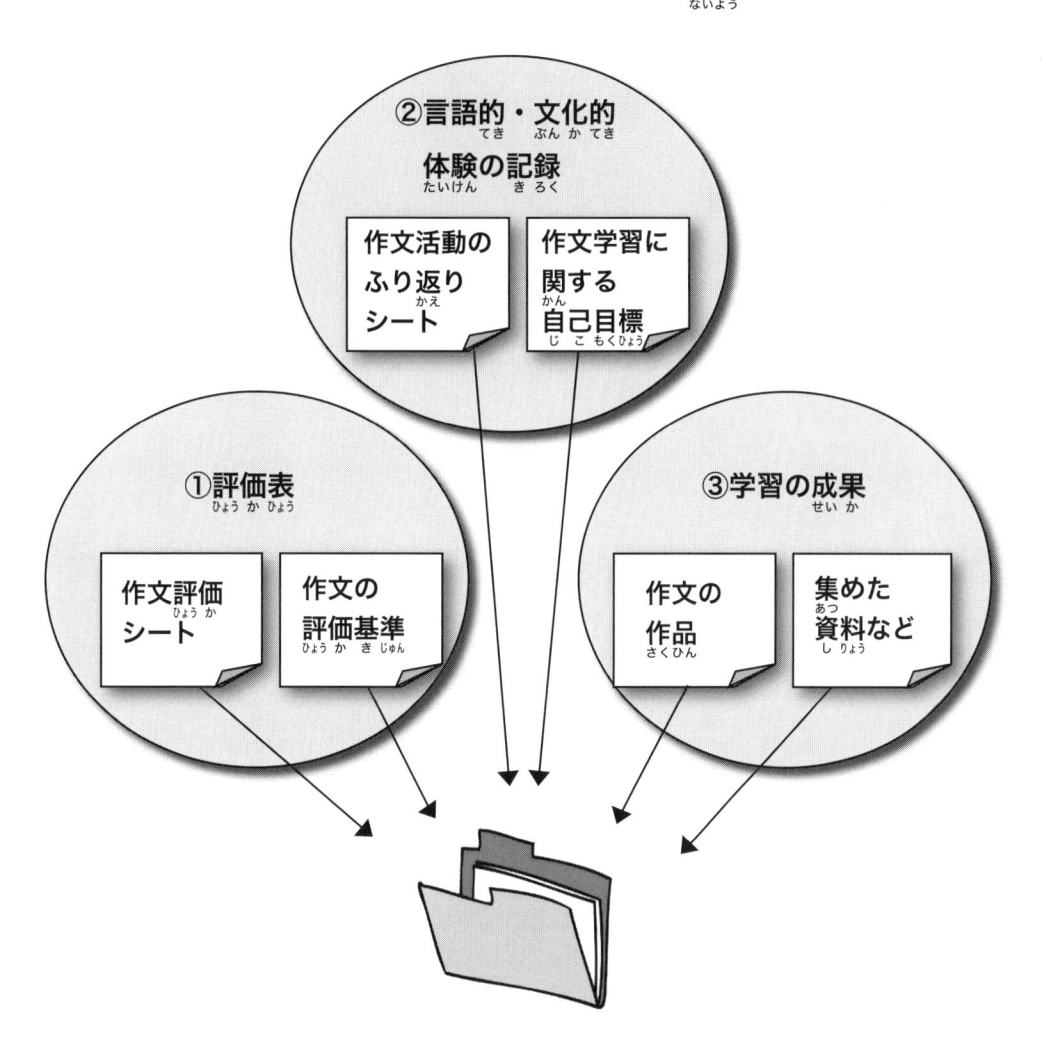

②言語的・文化的体験の記録
- 作文活動のふり返りシート
- 作文学習に関する自己目標

①評価表
- 作文評価シート
- 作文の評価基準

③学習の成果
- 作文の作品
- 集めた資料など

①「評価表」に入れるもの

　「評価表」の部分には、教師が準備した学習目標にそった評価基準を入れます。たとえば、「日本語の意見文・説明文のための評価基準」(p.89)と、この基準をもとに学習者と共有するために作成した「作文評価シート」(p.90)を入れます。

<作文の評価基準>

達成度 評価項目	目標以上を達成 4	目標を達成 3	もう少しで目標を達成 2	努力が必要 1
内容	伝えたい（主張したい）ことに必要な情報について、正確に、かつくわしい説明を書いている。			
構成	主張したい論点を補強するためにくわしい情報や具体例、理由などを書き、わかりやすく描写している。			
読み手への配慮	読み手にとって必要な情報や説明をくわしく書いている。また、読み手の興味を引くような工夫をしている。			
語彙・文法・表記など	トピックに関連した適切な語彙や表現、複雑な構文を使って、自分の考えを示し、明瞭に説明している。誤解につながるような文法上の誤りもない。			

<作文評価シート>

②「言語的・文化的体験の記録」に入れるもの

　「言語的・文化的体験の記録」には、日本語を使うことや学ぶ過程で感じたり、気づいたことを書き残すものを入れます。作文学習で言えば、作文を書いていく過程で考えたこと（最初に立てた目標は何か、なぜその作文を選んだか、前の作文と比較してよくなったか、うまく書けるようになるためにどのような勉強をしたか、など）を記録しておきます。

たとえば、次の「作文活動のふり返りシート」は、学習者に自分の4回分の作文課題の成果について、気づいたり自己評価をしたりしたことを書いてもらったものです。このような記録から、教師は、学習者が自分の作文の変化や成長をどのように評価しているかを知ることができます。

＜作文活動のふり返りシート＞

＜記入例＞

作文活動をふり返って　　　　　名前：＿＿＿＿＿＿

1. 自分の1回目の作文と、今日の作文を比べてみてください。何か気づいたことがありますか。
文の構成がよくなってきたと思います。自分の意見を伝えるために読み手にわかりやすく書くことが大切だとことをよくわかりました。

2. 色々なテーマについて、4回作文を書いたことは、役に立ちましたか。（はい）・いいえ
理由：いろんなテーマについて自分の意見を伝えることができて、よかったと思います。
また、学生達に作文を書かせる時、ここで習ったことを使ってみたいとのことです。たとえば：主張するものを教えることや、まんがをみてから作文を書く練習コメントとか。

3. 自分の作文を自分で評価したことは、役に立ちましたか。（はい）いいえ
理由：これからはどんな点に注意をしないとならないかと考えることや、先生にいいコメントをいだくと、こんどもがんばろうと思う気持ちが

4. 作文活動について、「こうしてほしかった」と思うことがあれば書いてください。

③「学習の成果」に入れるもの

　「学習の成果」には、学習目標（評価の観点）にそって、学習者が自分の作文の作品を入れます。作文の作品は、授業で書いたものすべて（書くためのメモ、最初に書いた作文、書き直した作文など）を集めてファイルに入れる場合もあれば、たくさん書いた作文の中で、学習目標をいちばん達成した（いちばんうまく書けた）と思うものだけを学習者が選んでファイルに入れる場合もあります。

2．ポートフォリオ評価を、いつ、だれが、どのように行うか

ふり返りましょう

【質問53】
みなさんは、学習者が日本語で書いたものを、授業やコースのどの段階で評価しますか。それは何のためですか。

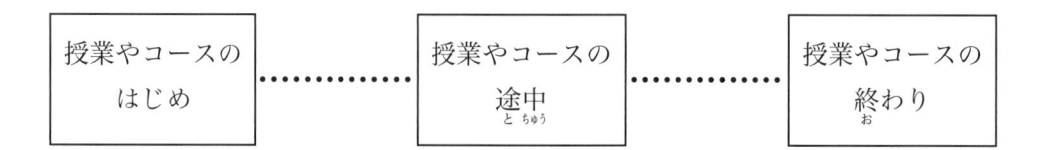

| 授業やコースのはじめ | ……… | 授業やコースの途中 | ……… | 授業やコースの終わり |

　作文学習でポートフォリオ評価を行うのは、限られた時間で1回や2回の作文を書かせただけでは、「いろいろな種類の、さまざまな目的の文章を書く」能力を測ることはできないからです。

　学習者自身が学習目標（評価の観点）をきちんと意識し、自分の力の発達や成果に深く関わるようにするためには、作文活動の評価は、コースのはじめや終わりなどでの1回だけ、2回だけでは不十分です。ポートフォリオは、このような長い期間での評価のために有効です。学習のはじめ・途中・終わりまで継続して、このポートフォリオを用いて、教師と学習者間で話し合う時間を持つことが望ましいでしょう。

　たとえば、p.90で紹介した「作文評価シート」を使ったポートフォリオ評価は、実際のコースでは、次のように行うことができます。

①まず、学習者が授業での指示に従って、作文を書きます。
②その後、作文評価シートの項目にそって、自分の作文を自己評価してコメントを書きます。
③学習者は作文と評価シートをいっしょに教師に提出します。これを受け取った教師は、同じ評価シートを使って、教師評価を行い、コメントと添削した作文を学習者に返却します。
　（作文活動の度に、この①〜③をくり返します。）
④コースの最後に、作文活動全体をふり返ります。

集められた作文と評価シートを使って、コースの途中や終わりに教師と学習者が話し合うこともできます。学習者が自分の作文を自分で評価することに慣れていない場合は、②の段階で、学習者同士でお互いの作文を読み合い、この評価シートを使ってもいいでしょう。

実際の実践の流れを図で表すと、次のようになります。

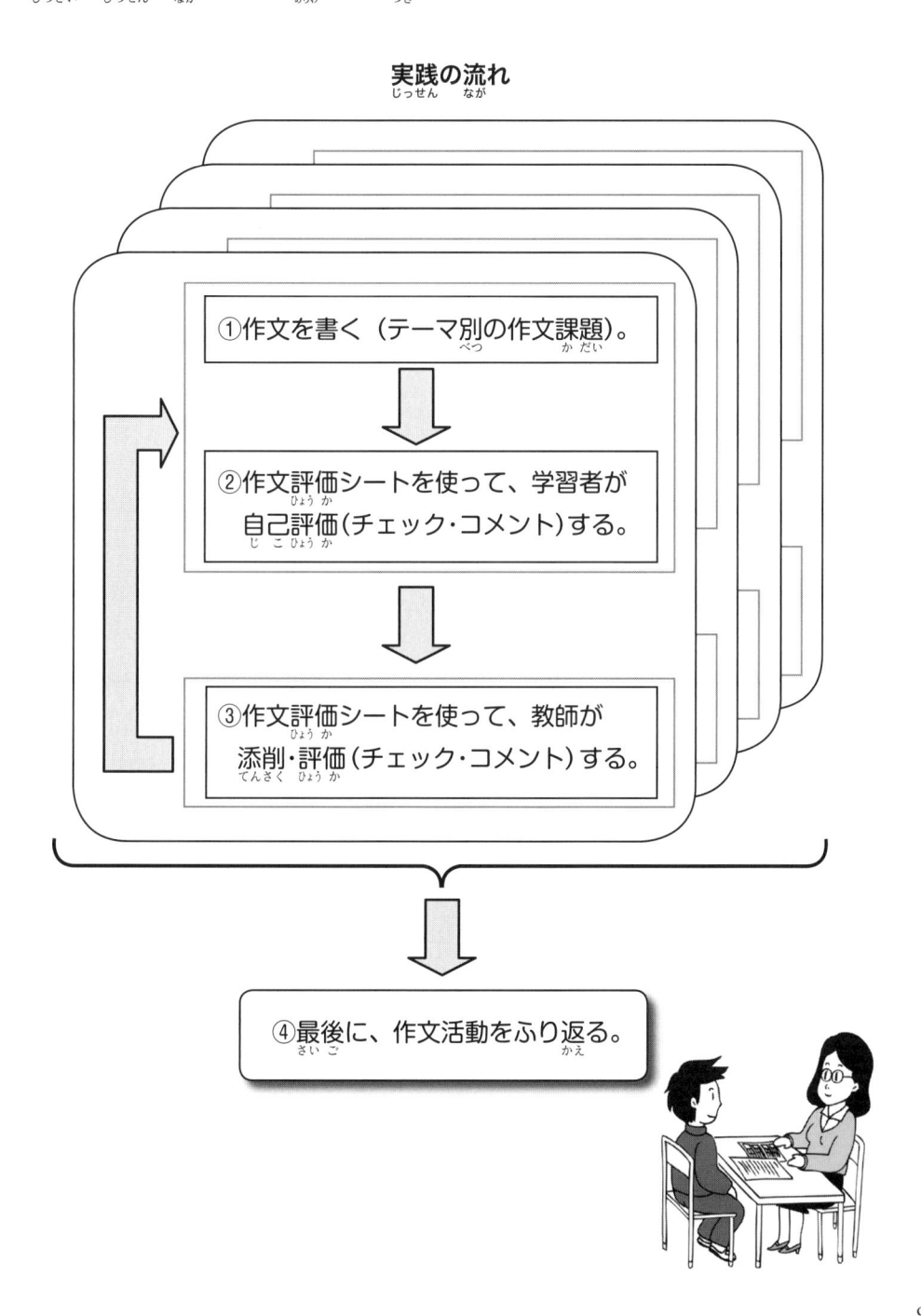

実践の流れ

① 作文を書く（テーマ別の作文課題）。

↓

② 作文評価シートを使って、学習者が自己評価（チェック・コメント）する。

↓

③ 作文評価シートを使って、教師が添削・評価（チェック・コメント）する。

↓

④ 最後に、作文活動をふり返る。

<②と③で使った「作文評価シート」の記入例>

作文評価シート（説明文・意見文・ショートレポート）　名前：　　　09夏短3クラス

点	内容	自己評価	コメント	講師評価	コメント
4	伝えたい（主張したい）ことに必要な情報について、具体的な説明がある程度詳しく書いてあり、読み手にとってたいへん理解しやすい。			✓	モンゴルの教育問題の中から、1点に絞り込んで、学業途中の退学の問題を取り上げたので良い。政府のアンケートなどの信頼できる情報を使って出典も明確に書いてあり、大変わかりやすい。
3	伝えたい（主張したい）ことがだいたい理解できる。十分理解するためには、具体的な説明が不足していたり、確認しないと分からない点がある。	✓	レポートを作成した経験がない。		
2	伝えたい（主張したい）ことを漠然と理解することはできるが、説明が不足していて、全体的に何を伝えたいのかわかりにくい。				
1	伝いたい（主張したい）ことに必要な情報が正確でないか、トピックと関係がないため、何を伝えたいのかわかりにくい。				

点	構成	自己評価	コメント	講師評価	コメント
4	文を続けていくつも書いている。段落を使って簡単な筋や描写を書いているため、構成が分かりやすく、たいへん読みやすい。			✓	大まかな段落の構成が良く、現状⇒原因⇒結果⇒意見の流れで、大変わかりやすい。
3	文と文の関係が部分的に分かりにくい部分もあるが、大きな流れをつかむことはできる。		母語で書かれたその文を読む時、内容だけ考え、構成をしっかり見ない。		
2	短い文や語句を使ったり、基本的な接続助詞で文と文をつなげたりして、伝えたいことのポイントだけを並べて書いている。	✓			
1	文や単語をばらばらに書いている。文章としての構成がない。				

点	読み手への配慮	自己評価	コメント	講師評価	コメント
4	読み手にとって必要な情報や説明を詳しく書いている。また、読み手の興味を引くような工夫をしている。			✓	構成に従って、数字や事例などを引き、必要な情報がはっきりわかるように書いてある。また、概要だけではわからない、子供の気持ちをアンケートを元に書いているので、読み手に興味を持たせることができており、出典元のホームページなどを閲覧したい気持ちにさせられる。
3	読み手にとって必要な情報や説明を書いている。そのため、伝えたいメッセージをほぼ的確に伝えている。		接続詞の使い方をよくわからないことがある。		
2	読み手にとって必要な情報や説明が不足しているため、伝えたいメッセージが伝わらない部分がある。	✓			
1	情報を断片的に書いているため、何を伝えようとしているかわかりにくい。				

点	語彙・文法など	自己評価	コメント	講師評価	コメント
4	トピックに関連した語句・表現・構文を正確に使っている。また、文体や表記などに書きことばとしての適切さがある。			✓	ほぼ正確に文法的な語句が使用されている。接続詞も、機能的には何ら問題がない使い方で、モンゴルの重要問題を表すのに適した文体になっている。
3	部分的に語彙が不適切だったり、文法的な誤りもあるが、文の理解に影響を与えるほどではない。	✓	なんとか、言いかえられる。		
2	不適切な語句・表現や文法的な誤りがやや多いため、文を理解しにくいことがある。				
1	暗記した表現や文をばらばらに書いている。必要な語・表現が使えず、文法的な誤りが多いため、文を理解することが難しい。				

【質問54】
これまで、「書く」学習の過程を通して評価するのに適したポートフォリオ評価について考えてきましたが、実際に自分の授業やコースでこの評価を使おうと思った場合、どのような不安や疑問がありますか。

整理しましょう

第4章では、「書くこと」の評価について考えました。具体的には、まず作文の添削について触れた後、作文課題と評価基準を準備する方法や留意点、そして作文学習のためのポートフォリオ評価を取り上げました。最後に、いい評価のために確認してほしい項目をもう一度まとめます。自分の授業やコースで日本語の運用能力や学習の過程を評価するときに活用してください。

<よい評価のためのチェックポイント>

- □ 評価しようとしているものが授業やコースの目標とつながっているか
- □ 準備した評価基準は、日本語の語彙や文法知識だけではなく、書く力を測るための内容になっているか
- □ 評価する教師が一定の基準にそって一貫した評価をしているか
- □ 評価する教師が複数いる場合、教師間で評価が一致しているか
- □ 書いた作文のほかに、多様な側面（たとえば、書き直しの努力や動機、読む量など）を評価の対象に含めているか
- □ 学習者の作文学習の動機づけを高めるものか
- □ コースの最後だけではなく、コースの途中など学習の過程でも評価しているか
- □ 評価の内容と方法が、自分の教育現場や学習者に合っていて実行可能なものか

《解答・解説編》
かいとう　かいせつへん

1 「書くこと」とは？

1-1. 日常生活での「書くこと」をふり返る

■【質問1】（解答例）

種類	目的	読み手
（例）手紙	近況を知らせるため	友人
（例）手紙	旅行の様子を知らせるため	両親
（例）レポート	授業の課題	先生
（例）伝言メモ	電話の内容を伝えるため	家族
（例）メール	仕事の状態を伝えるため	同僚
授業のノート	忘れないため、後で勉強するため	自分
研究論文	コースの課題	先生
授業記録	ほかの先生に連絡するため	同僚
日記	忘れないため、後で読むため	自分
ブログ	自分の様子や考えを知らせるため	いろいろな人

■【質問2】（解答例）

種類	目的	読み手	やりとり／文章表現
（例）手紙	近況を知らせるため	友人	①
（例）手紙	旅行の様子を知らせるため	両親	①
（例）レポート	授業の課題	先生	②

(例) 伝言メモ	電話の内容を伝えるため	家族	①
(例) メール	仕事の状態を伝えるため	同僚	①
授業のノート	忘れないため、後で勉強するため	自分	③
研究論文	コースの課題	先生	②
授業記録	ほかの先生に連絡するため	同僚	①
日記	忘れないため、後で読むため	自分	③
ブログ	自分の様子や考えを知らせるため	いろいろな人	②

【質問3】（解答例）

	話すこと	書くこと
相手との関係	相手の反応を見ながら、途中で言いかえたり、説明を加えたりできる。	書いているとき、相手の反応がわからない。
プロセス	考えながら話し、途中で言いかえることも多い。話しながら考えることもある。	考えながら書き、書きながら考えて終わりまで完成させる。
文の長さや表現	省略が多く、文が短い。くだけた表現やあらたまった表現など、場面や相手によって使い分ける。	文の長さはかなり長いこともある。あらたまった表現が多く、書きことば特有の語彙もある。

【質問4】（解答例）

・ことばや表現をじっくり選ぶことができる
・自分が書きたかったことや考え、意見を整理することができる
・後で自分で確かめることができる
・書いたものを残すことができる

1-2. 日本語の授業での「書くこと」をふり返る

■【質問5】（略）

■【質問6】（解答）

活動内容	指導のポイント
1.「…と比べると…は〜」を使って文を作る。	A
2. 接続詞の使い方を練習する。	C
3. レポートの段落構成について理解する。	D、E
4.「…によると」などの引用表現の使い方を練習する。	A
5. 得意な料理の作り方を手順どおりに書く。	C
6.「だ・である」と「です・ます」の書き替え練習をする。	B
7. 作文で直された文法や文型の復習をする。	A
8. 書いた作文を交換してコメントをし合い、書き直す。	E、F、H

2 書く能力を高める指導のポイント

■【質問7】（略）

2-1. 表現・文型

■【質問8】（解答）

(A) 初級文型を覚えること、使えるようになること
(B) 初級後半の文型や表現を使えるようになること
(C) ことば（表現）を増やしたり、似ていることばを整理して覚えたりすることができる

ようになること

(D) 初級文型(しょきゅうぶんけい)が使えるようになること
自分のことについて、自分で考えて言えるようになること

2-2. 書きことばのスタイル

■【質問9】（解答例・解説）

下線(かせん)の部分(ぶぶん)は、話しことばのように書かれています。この部分を直すかどうかは、その文章(ぶんしょう)を何のために使うのか、読む人はだれなのか、などを考えて決(き)めます。

> 私の国は、お茶<u>とか</u>きぬ織物が有名です。
> お茶は、<u>けっこう</u>いろんな種類があります。<u>お客さんが来たときなんか</u>は、<u>ちゃんと</u>いいお茶を出してもてなします。

すべて直したほうがいい場合は、たとえば、次(つぎ)のように書きます。

> 私の国はお茶やきぬ織物などが有名です。
> お茶は、いろいろな種類があります。来客があったときなどは、きちんといいお茶を出してもてなします。

■【質問10】（解答・解説）

(A) 同好会(どうこうかい)のメンバーに向(む)けて書いたメール
(B) 上司(じょうし)に向(む)けて書いた伝言(でんごん)メモ
(C) 自分に向(む)けて書いた日記
(D) 研究者(けんきゅうしゃ)などに向(む)けて書いた論文(ろんぶん)

(B)のように目上の人に向(む)けて仕事(しごと)の内容(ないよう)を書くときや、(D)のように専門的(せんもんてき)な文章(ぶんしょう)では、かたいことばや文末表現(ぶんまつひょうげん)を使います。(A)のメールは、ミーティングの連絡(れんらく)ですが、相手(あいて)が親しいメンバーなので、少しやわらかいスタイルになっています。(C)の日記は、自分だけが読むので、ことばや表現(ひょうげん)は自由(じゆう)に選(えら)ぶことができます。

■【質問 11】（解答例）

種類	読み手	スタイル（ことば、表現、文末など）
手紙	仕事の関係者	かたい表現、〜です、〜ます
	友人	くだけた（やわらかい）表現
メモ	自分	簡単に要点だけ書く
	会社の人	要点、〜です、〜ます
ノート	自分	自分にわかるように書く
学校のレポート	先生・友人	かたい（あらたまった）表現、〜である
論文	先生・研究関係者	かたい（あらたまった）表現、〜である
メール	仕事関係	かたい（あらたまった）表現、〜です・〜ます
	友人	話しことばに近い、絵文字
	家族	話しことばに近い、絵文字
ブログ	一般の人	いろいろ（想定した読み手による）

■【質問 12】（解答例）

活動 I

・日本の手紙の書き方を学べる。手紙の書き始めや書き終わり、日付や名前の場所と書き方、また、手紙によく使われる表現や敬語も確認することができる。

活動 II

・書くことに慣れ、書きことばのスタイルにも慣れることができる。また、書かれている内容を思い浮かべることができれば、何かを描写する文の書き方も学ぶことができる。

2-3. 文と文のつながり

■【質問 13】（解答）

(B) 比較して自分の判断を述べ、理由を述べる練習。

　　判断を書いてから、その後で理由を加える書き方を学ぶことができる。

(C) 文を並べ替える練習。

　　接続詞のような形式と内容の両方から考えて、文を並べ替える。
　　文と文のつながりや文章の流れを考えることができる。

2-4. 段落・まとまり

▊【質問 14】（解答例）

活動 I

　ヒントを使って、1枚の絵について描写（説明）するときに、どのような順番で書いたらいいか、学ぶことができます。この例では、視点を近いところから、だんだん遠いところに移して、説明をつなげていきます。このような練習を重ねると、あるものの様子を描写（説明）する力をつけることができます。

活動 II

　まんがを1枚ずつ説明してつなげると、時間の順序で文章を書くことができます。はじめから長い文章を書くことができなくても、1枚1枚区切って書けば、結果的に、できごとなどについて、時間の順序に従って、報告や説明を書く力をつけることができます。

　　　　　＜参考：活動の解答例＞

活動 I

> 　近くに田んぼがあります。稲を刈ったばかりの田んぼです。その向こうに神社が見えます。神社で子どもたちが遊んでいます。神社の木には実がなっています。そして、村も見えます。村の後ろに山が見えます。もう初雪が降ったのでしょうか。山の上は白くなっています。

活動 II

> ①洋子は朝早く起きました。彼とピクニックに行きます。とってもいい天気です。
> ②洋子はお昼ごはんのサンドイッチを作りました。とってもおいしいサンドイッチになりました。「健も喜んでくれる」と洋子は思いました。
> ③洋子は健と一緒に山に登りました。昼になりました。「お昼ごはんを食べましょう」と洋子は言いました。
> ④洋子はサンドイッチの箱を探しました。でも、箱はありませんでした。家に忘れてきたのです。洋子は泣きました。
>
> 　　　　　　　『成長する教師のための日本語教育ガイドブック上』（ひつじ書房）p.187 より

【質問15】（解説・解答例）

1. まず、タイトルから思い浮かべることをたくさんメモしてみましょう。
   たとえば、①家ではどのようなことをしているか、どのようなときが楽しいか、気持ちがいいか、安心するかなど、②学校では何をしているか、どのようなときが楽しいか、だれといるときかなど、③夏休みにしたいことは何か、行きたいところはあるか、それはどうしてかなど。
2. そのメモを見て、まとめて書けることをグループにして、仮のタイトルをつけます。
3. そして、そのグループの中から、1文や2文だけではなく、ある程度、文が続けられそうなものを選び、文を並べて書いてみましょう。
4. 書いた文を読んで、もっとくわしく説明したり例をあげたりできるところがあったら文を増やしてみましょう。

＜③夏休みにしたいこと＞

- 朝ねぼう　**休む**　昼寝

- 夏祭り　プール　花火大会　旅行　海？　泳ぐ　もぐる　山？　リゾートホテル　料理　**遊ぶ**

- **夏休みにしたいこと**

- お盆　準備　お寺　**故郷へ**　母　親戚　同級生

- 暑い　**家にいると…**　冷房　電気代がかかる　→図書館へ？

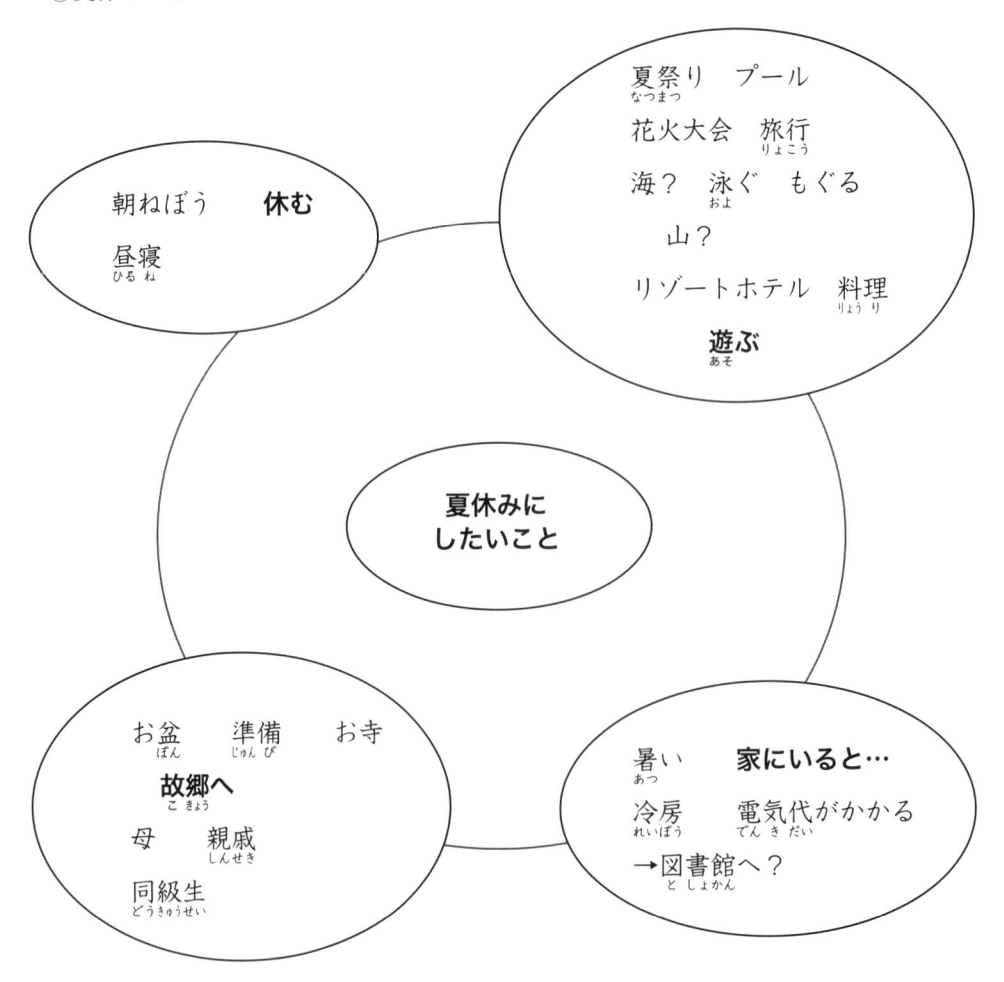

■【質問16】(解答・解説)

> <u>コンビニでは、いろいろなことができます。</u>たとえば、コピーをしたり、荷物を送ったり、デジカメの写真をプリントアウトすることもできます。銀行が閉まってからも、ATMでお金を引き出すことができるし、公共料金などを払うこともできます。コンサートのチケットを買うこともできます。

（上線部：中心文）

この文章は、最初に中心文があります。それから、中心文をくわしく説明するために、3つの文で、「いろいろなこと」の例をあげています。

■【質問17】(解答)

②の中心文……コンビニでは、いろいろな物を売っています。

④の中心文……最近は、サービスも多様化しています。

②のサポート文……たとえば、パンや弁当、菓子、カップラーメンなどの食べ物もたくさんあるし、文房具や日用品を買うこともできます。最近では、薬を売っている店もあるので、急な病気のときに助かります。

④のサポート文……電話で注文したらお弁当や品物を届けてくれるサービスは、お年寄りや赤ちゃんのいるお母さんなどに、とても人気があるそうです。それから、本をインターネットで注文して、コンビニで受け取ることができるサービスもあって、サラリーマンの利用が多いそうです。商店街の近くのコンビニには、両替の機械が置いてあるところもあります。

■【質問18】(解答)

① 活動Ⅰ……b) 空間の配列で書く展開

　 活動Ⅱ……a) 時間の順に書く展開

② e) 具体例をあげる展開

■【質問19】(解答)

(A) 比較の表現

(B) 伝聞や引用の表現、原因や理由の表現

2-5. 構成

■【質問 20】（解答）

> 　わたしは今、日本のアニメの専門学校に入るために、日本語を勉強しています。』
> 　子どものとき、近所に日本人の家族が住んでいて、その子どもたちによく漫画の本を貸してもらいました。もちろん日本語はわかりませんでしたが、わたしは絵をかくのが好きだったので、いつも漫画の本を見ていました。そして、いつか日本でアニメの仕事をしたいと思いました。
> 　高校を卒業してから、友達はみんな大学へ行ったり、会社で働いたりしました。でも、わたしは日本の新しいアニメの技術を習いたいと思ったので、お金を貯めて、日本へ来たのです。
> 　それで今、大阪の日本語学校で毎日日本語を勉強しています。』
> 　わたしは将来、ほんとうにアニメの仕事ができるかどうか、わかりませんが、頑張ってみようと思っています。
>
> 『みんなの日本語初級　やさしい作文』（スリーエーネットワーク）p.75 より

■【質問 21】（解答）

(A) ② 結論が最後にあるタイプ　　　序論 ⇒ 本論 ⇒ 結論

(B) ① 結論が最初と最後にあるタイプ　結論 ⇒ 本論 ⇒ 結論

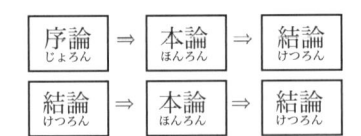

2-6. 読み手

■【質問 22】（解答例）

(A) ひらがなばかりの文は読みにくく、意味もわかりにくい。

(B) 日本人が読み手の場合は富士山はだれでも知っている。

(C) 日本のクリスマスカードと年賀状は同時に書かない。

(D) 読み手が中国のことをよく知らないと、春節のことも、なぜ火事がおきるかもわからない。

【質問23】（解答例・解説）

①日本人の同世代の友だちのために、自分のおすすめの料理の作り方を紹介する文を書く。

②ウェブ上の求人広告に出ている日本の会社や店のアルバイト募集の応募書類に、簡単な情報（学歴、特技、希望時間など）を書き込む（というつもりで書く）。

　本文でも述べたように、教室で行う作文活動をより現実の書く活動に近づけるためには、文法や語彙だけではなく、読み手や書く目的を考慮して設定する必要があります。
　たとえば、①の解答例では、ただ料理の作り方を書くのではなく、日本人に書くこと、また、相手が知らない料理について書くこと、を作文の課題の中で設定しました。学習者は、料理に関する語彙や順序を表す文型・表現を正確に使う努力をするだけではなく、自分のすすめたい料理の中から、その料理を知らない日本人の同世代の友だちにわかるように、書き方を工夫するようになるでしょう。
　②の解答例は、特定の読み手（例、求人広告を出した会社の人）に読んでもらうことを想定したものです。このように読み手と書く目的を明確にすると、課題を行うために必要なことがわかります。たとえば、日本のアルバイト事情や仕事に関する知識が必要なことや、読み手である求人広告を出した会社の人を想像しながら、表現やことばを選ぶことが求められることも意識できます。

2-7.　書くプロセス

【質問24】（略）

【質問25】（略）

【質問26】（解答例）

①わたしの宝物＝「祖父が作ってくれた「箸」」

(1) 描写する

　　何もかざりがない。色も木の色だけ。少し細くてざらざらしている。

　　2本の太さが少しだけ違う。

(2) 比較する

　　売られているお箸と比べて…高そうではない。でも、持ちやすい。

(3) 連想する

　祖父の顔。このお箸を作ってくれたときのこと。祖父の家。

(4) 分析する

　竹で作られている。祖父が木を拾ってきて→けずって→作った。

　祖父の手は大きくてごつごつしていた。私も横で見ていた。

(5) 応用する

　このお箸でごはんを食べたら、ごはんがおいしい。

(6) 論証する

　このお箸が大好き！大切。祖父のやさしさと結びついている。

　（木で作ったものってすばらしい。私も作りたい。）

【質問27】（解答）

	(A)	(B)	(C)
1. ていねい体と普通体がまじっていないか	✗	✓	✓
2.「のだ」「のである」の使用は適切か	✓	✗	✓
3. 一文の長さは長すぎないか	✓	✗	✓
4. 主語と述語はねじれていないか	✓	✗	✗
5. 呼応表現を忘れていないか	✓	✓	✗
6. あいまい接続の「が」を使っていないか	✗	✓	✓
7. 話しことばを使っていないか	✓	✗	✓
8.「いちばん」「絶対」の使用は適切か	✓	✓	✗
9. 文末（文の最後）の表現は適当か	✗	✓	✗

【質問28】（解答）

推敲方法	長所	短所
自分で行う推敲	・自分の書きたい内容をもとに、文法や表現の使い方を考えることができる。 ・自分の文章をくり返し読むことで、内容の変更を含む書き直しができる。	・文法や表現の誤りに気がつかない場合がある。 ・読み手を意識して、文章を客観的に見ることは難しいので、不足している情報に気がつかないことが多い。
学習者同士で行うピア推敲	・学習者が積極的な役割をする。 ・本物の読み手からの反応や質問を受けることができる。 ・読み手の立場を体験することで、自分の作文に対しても分析的にふり返ることができる。 ・仲間に説明することで自分の考えを深められる。	・表面的な問題に意識が向きすぎ、まちがい探しになる可能性がある。 ・学習者は人間関係によってあいまいで役に立たないコメントをすることがある。 ・相手に批判的な評価をしたり、相手からの評価を素直に受け入れられなくなることがある。 ・正確に修正されるとは限らない。

3 書く能力を高める活動や授業のデザイン

3-1.「書くこと」に慣れるための活動

【質問29】（解説）

　テーマは、学習者の年齢や興味、関心などを考えて決めましょう。

　授業との関連については、この活動例は、どれも初級段階から行うことができます。教科書や授業で扱った文型（たとえば、「～に～があります」や「～は～が～です」など）の応用練習に使うこともできるし、トピック（たとえば、「自分」「家」「学校」「町」など）に合わせることもできるでしょう。

3-2. コミュニケーションを大切にした「書く」活動

■【質問 30】（解答）
(A)・習った文型や接続詞を使う力
(B)・書く内容を自分で考えて組み立てる力
　　・読み手を想定して表現や書き方、内容を調整する力

■【質問 31】（略）

■【質問 32】（略）

■【質問 33】（解答）

文字や表記	c, f
表現や文型など	a, c
書きことばのスタイル	b
文と文のつながり	e
段落、構成	e, h
読み手	d, e, g, i
内容	d, g, h

■【質問 34】（解答例）

　学習者が、書くもの、書いたものがどのような状況で使われるのか、どう書くことが効果的なのかわかるように、実際の場面がイメージできるような活動を組み立てる。

＜伝言メモ＞
・電話を受ける活動と組み合わせて、伝言を書く。
・伝言に書かれた行動を行うような短い寸劇を合わせて行う。

＜お客様の意見＞
・箱を用意して、意見を書いた紙を集め、意見を書いた学習者以外の学習者に店員として返事を書かせる。
・「お客様の意見」を教室などに貼って、グループごとにいくつかの意見をわりふり、相談しながら協力して返事を書かせる。

■【質問35】（略）

■【質問36】（解答例）

	上の活動（のサンプルなど）で紹介した読み手	ほかに考えられる読み手
活動例⑤ 伝言メモを書く	上司、友だち	同僚、 ホームステイ先の家族
活動例⑥ お店やレストランへの意見・要望を書く	スーパーの人	レストランの人、 公共機関の人
活動例⑦ お礼のはがきを書く	ボランティアで折り紙を教えに来てくれた人	先生、知人
活動例⑧ 相談したいことを書く	同年代の人たち	雑誌や新聞の読者、 相談が書き込めるサイトの読者、 友だち（手紙で）

　このような作文では、読み手によって、ことばの使い方やていねいさを考える必要があります。また、相手が何を知っていて何を知らないか、どんな状況でどんな気持ちで読むか、ということも意識しておく必要があるでしょう。

■【質問37】（略）

■【質問38】（解答・解説）
　日本人に、この課題のような自国の料理の作り方を説明するときは、たとえば、使う語彙（材料、料理法など）を知っているかどうか、自国とは備え付けの器具や広さなどの環境が異なるキッチンに立つ人にも、作業過程がイメージできるかどうか、などに注意しなければなりません。そして、自国の人ならだれでも知っているようなことでも、日本人にはわからないと思われるものについては、ていねいに記述するなどの工夫をする必要があります。

【質問 39】（解答）

活動例	計画のプロセスで使っている方法（例）
⑪	キュービング
⑫	流れ図
⑬	思考マップ、流れ図
⑭	思考マップ（バブルマップとも言う）
⑮	思考マップ、アウトライン

4 「書くこと」の評価

【質問 40】（略）

4-1. 作文の添削

【質問 41】（解答例）

太字で示した部分が添削とコメントの例。

ムーンケーキ・フェスティバル

これは中国人が陰暦の八月十五日に祝う祭だ。シンガポールでも祝うが中国、台湾と香港より規模が小さい。今歴史を除いて、今日僕の国でどうやって祝うか紹介する。

残念ですが、この祭は**我が国に祝日にならなかった**。その日**と**うろうを持って歩き回る習慣だ。もちろん子ども達だよ。大人なら、たぶん両親と子どもと共にする。いくつかの公園やアパートの下で見られる。ときどきいろんな所で小さな行事が行われて家族それぞれ集まる。昔のとうろうは完全に紙で作られて、ろうそくが入っていた。可燃物ばかりで、燃えやすかった。今普及なのはいろんな形の半透明なプラスチックで、電球が入っているものです。

もう一つはムーンケーキ、つまり月餅を食べることだ。たまに親戚と月餅を**交代する**。現代の月餅は変化していく。形、味、中味もそうだ。たとえば伝統的に中味として使われた小豆のペーストはブルーベリーやドリアンなどのペーストがはじめて採用された。この新しい傾向は**いいか構わず、歓迎するのだ**。(415字)

コメント（欄外）：
- 文体を「です・ます」「だ」に揃える
- 何を指す？
- シンガポール？中国？台湾？香港？
- この行事をどう過ごすかについて、これから紹介するならば「残念ですが、〜ならない」の文は、直接関係がない
- その日は子どもも大人もとうろうを持って歩き回る？
- 交換する？
- いいかどうかは別として、今の人達に歓迎されている？

■【質問42】（略）

■【質問43】（略）

■【質問44】（解答例）
①シンガポールに来た日本人の留学生が読む文章として考えた場合、これからシンガポールの生活に慣れていかなければならない。たとえば、この行事をどのように祝うかだけではなく、そこにはどのような意味があるかなどの説明を加えておくといい。
②シンガポールの行事についてあまり知らない日本人が読む文章として考えた場合、2番目の文の「シンガポールでも祝うが、中国、台湾と香港より規模が小さい」について、背景をもう少しくわしく説明し、たとえば多民族国家であるシンガポールの特徴などについて触れておくといい。また、3行目や4行目の「僕の国」「我が国」がはっきりしない。「我が国シンガポールでも〜」のようにはっきり書いておくといい。

4-2.「書くこと」の評価を考える

■【質問45】（解答例）
・学期中に教えた内容、教科書に出てくる内容などから、教師たちで相談して決めている。
・日本語能力試験の級と文法項目などに照らして評価を行っている。
・自分で決めている。

■【質問46】（解説）
　指示文Aは、何を測るのか、指示があいまいなのでわかりにくいです。
　指示文Bは、書く目的（新しい情報を提案する：意見文）と読み手（自分の町のことをよく知らない日本人の学生）がはっきり示されています。また、作文の種類（意見文）と、どの程度の分量（400〜600字程度）で書けばよいかも示されています。この作文の評価は、ここに書かれた条件に合っているかどうかで測ることがわかります。

■【質問47】（解答・解説）

① （ a , c ）
② （ a , (b) , c ）
③ （ b , (d) , (c) ）
④ （ d , e ）
⑤ （ f , g , (c) ）

　①と②は、特に、内容(a)や読み手への配慮(c)と関係があります。評価項目の「内容」とは、文章の種類や目的に応じて、読み手が文章を理解するために必要な情報や説明が（十分に）書かれているかどうかと関係します。読み手への配慮(c)は、特に読み手の印象に残るような工夫がなされているかどうかに関わります。

　③は、構成(b)に関係があります。言いたいこと（意見や説明）を効果的に書くために必要な文や文章、段落の構造、内容的なつながりを考えることも必要です。

　④は、文法の正確さ(d)、語彙の使い方の正確さや適切さ(e)に関係があります。

　⑤は、漢字やかなのバランス(f)、書きことばのルールの適切さ(g)に関係があります。作文の種類や目的によっては、同じ表現でも漢語をバランスよく使うことが必要とされる場合があります。

＜参考＞

　次の表は、田中・長阪（2006）であげられている第2言語としての日本語のライティング（論理的な文章の作成）のための分析的評価の項目をまとめたものです。みなさんの現場で評価項目を考えるときに、参考にすることができるでしょう。

＜第2言語としての日本語ライティングの評価基準と説明の例＞

評価項目	基準説明
1. 目的・内容	・目的：課題の達成 ・内容：トピック／主張／主張のサポート
2. 構成・結束性	・文章全体の構成 ・適切な段落分け ・段落と段落の関係 ・段落内の文のつながり
3. 読み手	・読み手の意識／読み手に対する配慮 ・読み手にとっての興味深さ

4. 日本語 (言語能力)	A 正確さ	・正確な文法／多様で効果的な文型／句読法／表記
	B 適切さ	・適切な形式：作文の種類（ジャンル） ・書きことばのルール：表現・語彙／文末スタイル／漢字とかなのバランス

（田中・長阪（2006）の評価基準を簡単にまとめたもの）

【質問48】（解答）

評価項目 ＼ 達成度	目標以上を達成 4	目標を達成 3	もう少しで目標を達成 2	努力が必要 1
内容・読み手への配慮	（ A ）	（ C ）	（ D ）	（ B ）

【質問49】（解答）

評価項目 ＼ 達成度	目標以上を達成 4	目標を達成 3	もう少しで目標を達成 2	努力が必要 1
語彙・文法・表記など	（ A ）	（ C ）	（ D ）	（ B ）

【質問50】

<内容>

達成度 評価項目	目標以上を達成 4	目標を達成 3	もう少しで目標を達成 2	努力が必要 1
課題B 「内容・読み手への配慮」より	この町のことを知らない人にもわかるように、夏休みの過ごし方について、同年代の日本人学生が興味を持ちそうな情報を選んでくわしく書かれている。	この町のことを知らない人にもわかるように、夏休みの過ごし方について、自分の経験などを入れて、くわしく書かれている。	この町での夏休みについては書いてあるが、この町を知らない人にはわからない部分がある。	この町の夏については書かれているが、何を伝えたいか漠然としていてわかりにくい。
内容・読み手への配慮	（ B ）	（ A ）	（ D ）	（ C ）

<日本語>

達成度 評価項目	目標以上を達成 4	目標を達成 3	もう少しで目標を達成 2	努力が必要 1
課題B 「語彙・文法・表記など」より	夏休みの過ごし方に関連する語彙や表現、文法を広く、正確に使って、はっきりとした提案が書かれている。文体や表記にも誤解されるようなまちがいはない。	授業で習った夏休みに関する語彙や表現、文法を正確に使って書かれている。文体、句読点や表記に大きなまちがいはないためわかりやすい。	授業で習った夏休みに関する語彙や表現、文法を使っているがまちがいが多くてわかりにくい部分がある。文体や表記の誤りが少々ある。	内容に必要な表現は使えずに、関係のない語彙や表現をばらばらに使っているだけ。文体や表記にまちがいが多く、文を理解するのが難しい。
語彙・文法・表記など	（ C ）	（ B ）	（ D ）	（ A ）

【質問51】（解説）

　「書き直しの努力」や、「ほかの人の作文から学ぶ姿勢」は、1回や2回の作文の成果からは見えにくい項目と言えます。しかし、学習者が自分自身の作文を読み返したり、ほかの人の書いた作文を批判的に読み、自分の作文をよりよい方向に書き直していく過程は、書く力の向上のためには重要な要素です。このように、学習の結果だけではなく、学習の過程を評価の対象にしようとした場合、ポートフォリオの考え方が有効です。

【質問52】（解答例）

・日本語で書いた日記、スピーチの原稿
・作文を書くために読んだ本のリスト　　　など

【質問53】（解答例）

・コースのはじめに取り入れる
　（学習者がどのくらい書けるか、書く力を把握するため）
・コースの最後に取り入れる
　（学習者がどのくらい書けるようになったかを確認するため）

【質問54】（解説）

　ポートフォリオの内容と評価基準を設け、実際に授業やコースでポートフォリオ評価を実施しようとした場合、教師は次のような点を考慮しなければなりません。

①ポートフォリオ評価の目的や利点、方法について学習者にていねいに説明をする必要がある。たとえば、作文学習で何を評価の対象にしたいのか、それは作文能力の向上にどのような意味があるか、そして、コースの教育目標や教授内容との関係などについてである。そのために、授業やコースでそのための時間や場所などを確保することが必要となる。

②標準テストを作るときと同じように、ポートフォリオ評価を実施するに当たっても、準備過程で時間を必要とする。つまり、作文活動を通して教えたい内容と評価の項目を一貫させる必要がある。そしてその評価項目が公正で妥当なものなのかを点検することも重要である。この準備段階では、いっしょに教える教師間で話し合うことも大切である。

③学習者が集めてきた作文や内省の記録に対して、フィードバックを行うための時間が必要になる。たとえば、作文の評価基準を設けた場合、その基準に従ってフィードバックを行わなければならない。

　大人数のクラスで行う場合、教師が1人1人のすべての作文に対して毎回添削やコメントでフィードバックすることは難しいときもある。そのような場合は、学習者自身が自分の作文を訂正できるように「自己訂正のためのポイント」などを提示することも考えられる。その過程でもっとも自信のある作品を学習者自身に選んでもらって、それに対して教師が評価を行うという方法もある。

<参考>

　CEFR は、Common European Framework of Reference for Language: Learning, teaching, assessment（外国語の学習、教授、評価のためのヨーロッパ参照枠）の略語です。この参照枠では、言語で行うコミュニケーション活動を大きく「理解活動」「産出活動」「やりとり」の3つに分けています。次の表は、書くことに関するコミュニケーション言語活動の能力記述文（Can do statements）の例を示したものです。さらにくわしく知りたい場合は、国際交流基金（2009）『JF日本語教育スタンダード試行版』や、JF日本語教育スタンダードのウェブサイト https://jfstandard.jp/ を参照してください。

＜CEFRの産出（書くこと）に関する能力記述文より一部抜粋（A1～B2）＞

			「産出活動」		「やりとり」
自立した言語使用者	B2	総合的な書く活動	自分の関心がある専門分野の多様な話題について、明瞭で詳しいテクストを書くことができる。いろいろな情報や議論を、評価した上で書くことができる (B2)。	一般的な、書かれた言葉でのやり取り	ニュースや視点を効果的に書いて表現でき、他の人の書いたものにも関連づけることができる (B2)。
		創作	実際、もしくは想像上の出来事や経験について、複数の考えを相互に関連づけ、当該のジャンルの書記習慣に従って、明瞭かつ詳細に記述文を書くことができる (B2.2)。／映画や本、演劇の評を書くことができる (B2.1)。／自分の関心事の身	通信	感情の度合いを伝え、出来事や経験のもつ個人的な重要性を強調しながら、相手の最新情報や観点などに言及する手紙を書くことができる (B2)。

	B2		近な話題について、複雑でないが、詳しく記述することができる (B2.1)。		
		レポートやエッセイ	エッセイやレポートを書く時に、根拠を提示しながら、ある視点に賛成や反対の理由を挙げ、さまざまな選択肢の利点と不利な点を説明できる (B2.1)。	記録・メッセージ・書式	B1と同じ
自立した言語使用者	B1	総合的な書く活動	一連の短い別々になっている要素を一つの流れに結びつけることによって、自分の関心が及ぶ身近な話題について結束性のある簡単なテクストを書くことができる (B1.1)。	一般的な書かれた言葉でのやり取り	直接的に関連のある簡単な情報を求めたり伝えたりする個人的な手紙、覚書を書くことができ、自分が重要だと思う点を相手に理解させることができる (B1)。
		創作	単純につなぎあわせたテクストで感情や対応を記述し、経験したことを書くことができる (B1)。／物語を書くことができる (B1)。	通信	出来事を伝え、音楽や映画のような抽象的、文化的話題についても自分の意見を表現する個人的な手紙を書くことができる (B1.2)。／経験、感情や出来事を多少詳細に記す個人的な手紙を書くことができる (B1.1)。
		レポートやエッセイ	日常的な事柄の事実関係を述べ、行動の理由を説明する。きわめて短い報告文を標準的な常用形式に沿って書くことができる (B1.1)。	記録・メッセージ・書式	自分の日常生活の中で重要な役割を果たす友人、サービス関係者、教師や他の人々に、直接伝える情報を簡単なメモに書き、重要と考える点を分かるよう伝えることができる (B1.1)。／問い合わせや、問題を説明した伝言を記録できる (B1.2)。
基礎段階の言語使用者	A2	総合的な書く活動	「そして」「しかし」「なぜなら」などの簡単な接続詞でつなげた簡単な表現や文を書くことができる (A2)。	一般的な書かれた言葉でのやり取り	直接必要な分野の事柄についての、短い簡単な紋切り型の覚書を書くことができる (A1)。

基礎段階の言語使用者	A2	創作	家族、生活環境、学歴、現在または最近の仕事について、簡単な句や文を連ねて書くことができる (A2.1)。／短く簡単な想像上の伝記や、人物を題材にした詩を書くことができる (A2.1)。／出来事・過去の活動、個人的な経験の描写を短い文で書くことができる (A2.2)。	通信	感謝と謝罪を表現するごく簡単な個人的な手紙を書くことができる (A2)。
		レポートやエッセイ	なし	記録・メッセージ・書式	直接必要なことの用件についての短い、簡単なメモや伝言を書くことができる (A2)。／もしくり返しや言い直しを求めることが可能なら、短い、簡単な伝言を受け取ることができる (A2)。
	A1	総合的な書く活動	簡単な表現や文を単独に書くことができる (A1)。	一般的な書かれた言葉でのやり取り	個人的な細かい情報の要求を書いたり、文書で伝えることができる (A1)。
		創作	自分自身や想像上の人々について、どこに住んでいるか、何をする人なのかについて、簡単な句や文を書くことができる (A1)。	通信	短い簡単な葉書を書くことができる (A1)。
		レポートやエッセイ	なし	記録・メッセージ・書式	ホテルの予約用紙などに、数、日付、自分の名前、国籍、住所、年、生年月日、入国日などを書くことができる (A1)。

『外国語の学習、教授、評価のためのヨーロッパ共通参照枠』（朝日出版社）、
『JF日本語教育スタンダード試行版』（国際交流基金）より抜粋

※このCEFRの共通参照レベルには基礎段階の言語使用者（A1、A2）、自立した言語使用者（B1、B2）、熟達した言語使用者（C1、C2）の6段階がある。

【参考文献】

アカデミック・ジャパニーズ研究会（2001）『大学・大学院留学生の日本語②作文編』アルク

荒木晶子・向後千春・筒井洋一（2000）『自己表現力の教室』情報センター出版局

池田玲子・舘岡洋子（2007）『ピア・ラーニング入門：創造的な学びのデザインのために』ひつじ書房

石黒圭・筒井千絵（2009）『留学生のためのここが大切文章表現のルール』スリーエーネットワーク

入部明子（1996）『アメリカの表現教育とコンピュータ：小・中・高・大学の教育事情』冬至書房

入部明子（2002）『論理的文章学習帳』牧野出版

大井恭子編著、田畑光義・松井孝志著（2008）『パラグラフ・ライティング指導入門：中高での効果的なミイティング指導のために』大修館書店

大喜多喜夫（2004）『英語教員のための授業活動とその分析』昭和堂

岡崎眸・岡崎敏雄（2001）『日本語教育における学習の分析とデザイン：言語習得過程の視点から見た日本語教育』凡人社

金谷憲・谷口幸夫編、小林昭江著（1994）『英語教師の四十八手第6巻　ライティングの指導』研究社

金谷憲（2002）『英語授業改善のための処方箋：マクロに考えミクロに対処する』大修館書店

神田靖子・山根智恵（2004）『日本語を書く楽しみ』西日本法規出版

倉八順子（2000）『日本語の作文技術：中・上級』　古今書院

国際交流基金（2009）『JF日本語教育スタンダード試行版』

鈴木克明（2002）『教材設計マニュアル：独学を支援するために』北大路書房

鈴木宏昭・鈴木高士・村山功・杉本卓（1989）『教科理解の認知心理学』新曜社

田中耕治（2008）『教育評価』岩波書店

田中真理・長阪朱美（2006）「第2言語としての日本語ライティング評価基準とその作成過程」『世界の言語テスト』国立国語研究所　くろしお出版

根岸雅史・東京都中学校英語教育研究会編著（2007）『コミュニカティブ・テスティングへの挑戦』三省堂

向山洋一監修、師尾喜代子・村野聡編著（2004）『どの子も書く意欲モリモリ　イラスト作文スキル〔高学年〕』明治図書

Council of Europe、吉島茂・大橋理枝（他）訳・編（2004）『外国語教育Ⅱ　外国語の学習、教授、評価のためのヨーロッパ共通参照枠』朝日出版社（*Common European Framework of Reference for Languages: Learning, teaching, assessment.* 3rd printing 2002. Cambridge University Press.）

Flower, Linda & John R.Hayes (1981) A Cognitive Process Theory of Writing. In *College Composition and Communication,* 32 (4):365-387. National Council of Teachers of English.

Scardamalia, Marlene. & Carl Bereiter. (1987) Knowledge telling and knowledge transforming in written composition. In Sheldon Rosenberg (ed.) *Advances in Applied Psycholinguistics, Volume 2,* 142-175. Cambridge: Cambridge University Press.

Weigle, Sara C. (2002) *Assessing Writing.* Cambridge: Cambridge University Press.

＜引用教材等＞

大島弥生・池田玲子・大場理恵子・加納なおみ・高橋淑郎・岩田夏穂（2005）『ピアで学ぶ大学生の日本語表現：プロセス重視のレポート作成』ひつじ書房

大庭コテイさち子（2009）『考える・まとめる・表現する：アメリカ式「主張の技術」』NTT出版

門脇薫・西馬薫（1999）『みんなの日本語初級　やさしい作文』スリーエーネットワーク

川口義一・横溝紳一郎（2005）『成長する教師のための日本語教育ガイドブック（上）』ひつじ書房

国際交流基金（2006）『日本語教師必携　すぐに使える「レアリア・生教材」アイデア帖』スリーエーネットワーク

国際交流基金関西国際センター（2008）『日本語ドキドキ体験交流活動集』凡人社

佐々木瑞枝・細井和代・藤尾喜代子（2006）『大学で学ぶための日本語ライティング：短文からレポート作成まで』The Japan Times

佐藤政光・田中幸子・戸村佳代・池上摩希子（2002）『表現テーマ別　にほんご作文の方法（改訂版）』第三書房

小学館辞典編集部（2006）『現代国語例解辞典〔第四版〕』小学館

＜参考ウェブサイト＞（2021年2月2日参照）

国際交流基金「JF日本語教育スタンダード」

　https://jfstandard.jp/

国際交流基金日本語国際センター「みんなの教材サイト」

　https://minnanokyozai.jp/

【執筆者】
金孝卿（きむ　ひょぎょん）
松浦とも子（まつうら　ともこ）
簗島史恵（やなしま　ふみえ）

◆教授法教材プロジェクトチーム
久保田美子（チームリーダー）
阿部洋子／木谷直之／木田真理／小玉安恵／中村雅子／長坂水晶／簗島史恵

※執筆者およびプロジェクトチームのメンバーは、初版刊行時には、すべて国際交流基金日本語国際センター専任講師

イラスト　岡﨑久美

国際交流基金 日本語教授法シリーズ
第 8 巻「書くことを教える」
The Japan Foundation Teaching Japanese Series 8
Teaching Writing
The Japan Foundation

発行	2010 年 9 月 30 日　初版 1 刷
	2021 年 2 月 25 日　　　3 刷
定価	900 円 + 税
著者	国際交流基金
発行者	松本 功
装丁	吉岡 透 (ae)
印刷・製本	三美印刷株式会社
発行所	株式会社ひつじ書房

〒 112-0011　東京都文京区千石 2-1-2　大和ビル 2F
Tel : 03-5319-4916　Fax : 03-5319-4917
郵便振替　00120-8-142852
toiawase@hituzi.co.jp　https://www.hituzi.co.jp/

Ⓒ 2010 The Japan Foundation
ISBN978-4-89476-308-1

造本には充分注意しておりますが、落丁・乱丁などがございましたら、
小社かお買い上げ書店にておとりかえいたします。
ご意見・ご感想など、小社までお寄せくださされば幸いです。

━━━━━━━━━━━━━━━━ 好評発売中！ ━━━━━━━━━━━━━━━━

日本で学ぶ留学生のための中級日本語教科書
出会い【本冊　テーマ学習・タスク活動編】
東京外国語大学留学生日本語教育センター 著　定価 3,000 円＋税

日本で学ぶ留学生のための中級日本語教科書
出会い【別冊　文型・表現練習編】
東京外国語大学留学生日本語教育センター 著　定価 1,800 円＋税

協働で学ぶクリティカル・リーディング
舘岡洋子 編著　定価 1,700 円＋税

はじめよう、ロジカル・ライティング
名古屋大学教育学部附属中学校・高等学校国語科 著　執筆協力・戸田山和久　定価 1,600 円＋税

━━━━━━━━━━━━━━━ 好評発売中！ ━━━━━━━━━━━━━━━

「大学生」になるための日本語 1・2
堤良一・長谷川哲子 著　各巻 定価 1,900 円＋税

日本語がいっぱい
李徳泳・小木直美・當眞正裕・米澤陽子 著　Cui Yue Yan 絵　定価 3,000 円＋税

新訂版　聞いておぼえる関西（大阪）弁入門
真田信治 監修　岡本牧子・氏原庸子 著　定価 2,800 円＋税

━━━━━━━━━━━━━━━ 好評発売中！ ━━━

ピアで学ぶ大学生の日本語表現［第2版］
プロセス重視のレポート作成
大島弥生・池田玲子・大場理恵子・加納なおみ・高橋淑郎・岩田夏穂 著　定価 1,600 円＋税

ピアで学ぶ大学生・留学生の日本語コミュニケーション
プレゼンテーションとライティング
大島弥生・大場理恵子・岩田夏穂・池田玲子 著　定価 1,500 円＋税

グループワークで日本語表現力アップ
野田春美・岡村裕美・米田真理子・辻野あらと・藤本真理子・稲葉小由紀 著　定価 1,400 円＋税

学生を思考にいざなうレポート課題
成瀬尚志編　定価 1,600 円＋税